光尘
LUXOPUS

父母的羁绊

如何摆脱强势父母的伤害

Nina W. Brown
[美] 尼娜·布朗 著

戴融融 赵思诚 译

国际文化出版公司

· 北京 ·

图书在版编目（CIP）数据

父母的羁绊／（美）尼娜·布朗著；戴融融，赵思
诚译．--北京：国际文化出版公司，2022.4（2022.9重印）
ISBN 978-7-5125-1382-2

Ⅰ．①父… Ⅱ．①尼… ②戴… ③赵… Ⅲ．①家庭教
育-教育心理学 Ⅳ．①G780

中国版本图书馆CIP数据核字(2022)第023224号

北京市版权局著作权合同登记号 图字01-2022-0528号

父母的羁绊

作　　者	[美] 尼娜·布朗
译　　者	戴融融　赵思诚
责任编辑	侯娟雅
出版发行	国际文化出版公司
经　　销	国文润华文化传媒（北京）有限责任公司
印　　刷	文畅阁印刷有限公司
开　　本	880毫米×1230毫米　　　32开
	8印张　　　　　　　　　162千字
版　　次	2022年4月第1版
	2022年9月第2次印刷
书　　号	ISBN 978-7-5125-1382-2
定　　价	59.00元

国际文化出版公司
北京朝阳区东土城路乙9号　　　　邮编：100013
总编室：（010）64270995　　　　传真：（010）64270995
销售热线：（010）64271187
传真：（010）64271187-800
E-mail：icpc@95777.sina.net

本书献给我的儿子迈克尔·R. 布朗，

1960 年 9 月—2019 年 4 月

爸爸妈妈永远爱你。

目　录

序　言

如果一个孩子在自恋型家长的身边长大，那么这种成长模式在他成年后仍然会有挥之不去的影响，比如被操纵、引诱或恐吓而做一些违背意愿或者伤害自己的事情。这些成年后的孩子不会建立并维系一段满意而持久的关系，无法拒绝别人，也无法坚定自己的立场；当他们面对自恋的父母或其他人时，还会产生其他消极的态度和行为。他们可能也会尝试与心理健康方面的专业人士沟通，以寻求解决问题或者消除困扰的方法，但是最后往往会发现，青春期所经历的遭遇令他们难以启齿。

　　阅读下面的内容，看看是否引起了你的共鸣：

　　　　一切都以您为中心，您有绝对的话语权。您只关注您的意愿、您的需求、您的要求。

　　　　每件事情都必须按照您的旨意完成，否则就不合您意。您从来没有倾听过别人的想法。在您的观念里，只有您才知道什么是最好的，您永远都是对的，我顺应您，并服从您，否则就会惹怒您，让您感到不快和失望。

您完全只顾及自己的想法，并且不放过任何一个机会来满足自己的需求，对他人的需求视而不见，对他人的情绪充耳不闻。并且您擅长操纵别人，总是试图让我感到内疚、悲伤、愤怒、羞愧，还要确保我正在稳步地按着您规定的路线过完我自己的人生。您不时地斥责我、责备我、批评我，和您在一起我总是很痛苦。

我努力地取悦您，却屡屡失败。您就像一阵飓风：我知道您就要席卷而来，所以我要做足准备，抵御您带给我的伤害，但我的一切准备都是徒劳。您发泄完离开后，我苟延残喘，而您若无其事，对给我或者他人造成的伤害视而不见。

我多么希望能看到一些迹象，表明您喜欢我、爱我，但是和您在一起的这些年里，我从未有此感受，这种缺憾深入骨髓。您从未理解过我的感受，当我试图让您了解我的时候，您要么轻视或直接无视我的感受，要么大发雷霆，并大骂我是不孝之子，目无尊长。

虽然现在我已长大成人，但我仍然渴望得到您的爱，尽管我知道您的态度不会发生改变，但是这不影响我渴望一段更满意且持久的感情。

自恋型父母的孩子在成年后会发现，他们很难描述父母做的哪些事情对他们产生了持续不断的负面影响。当成年后的孩子试着和别人分享这些经历时，往往找不到合适的词汇来表达父母的言行举止对于他的影响，也无法理解成年后的自己为什么仍然有这些想法和反应。除此之外，襁褓之中或是牙牙学语时经历的一些事情，也会对个人成长产生难以磨灭的影响，只不过他们无法从记忆中找回或用语言表达，但是这些负面影响会持续伤害成年后的孩子的健康和自尊，并反映在其个人生活的其他方面，尤其是人际关系。

本书的第三版扩充了前两版的材料，可以更好地帮助读者理解自恋型父母给孩子的成长和表现带来的持续不断的消极影响。当然，只有更深入的理解可能还远远不够，因此我还在书中为个人的积极改变提供了一些建议，这些行为方法可以帮助读者克服负面影响，并成为自己想成为的人。

我希望这本书能够鼓励你、引导你更好地了解自己，了解自己的感受、反应和某些行为。也许你想做出一些改变，在阅读这本书时，你或许能领悟到一些新的想法，帮助你做出一些突破，抹去自恋型父母在你身上留下的消极烙印，带领你拥抱光明充实的人生！

第一章

容易生气、喜欢挑剔、
苛刻又不讲理的"专制"父母

贝奇想和父亲聊一聊未来的规划，于是约父亲共进午餐。其间，她谈及想重返校园攻读英语教育学学位，然后成为一名老师，父亲对她的想法表示坚决反对。她父亲坚持认为，做一名会计师才有出息，而且父亲还对贝奇之前的大学专业和她后来从事的工作嗤之以鼻。父亲一本正经地告诉她，自己作为父亲，吃过的饭比她吃过的盐还多，所以贝奇一定要听他的话，否则他会很生气。

　　贝奇饭吃到一半就气得走开了，心底的挫败感油然而生。其实，贝奇很想告诉父亲，自己不想永远按照他的意思、他的意愿、他的想法去做选择。父亲总是觉得地球是围着他转的，什么都要听他的，只有听他的才是最好的，而从不考虑别人的观点、别人的感受。每次贝奇想做一些不顺他心意的事情时，他就会大发雷霆，横加指责。

　　读了本文的标题，你是不是觉得，这讲的就是你的父母？你是否也想让你的父母接受现在的你，而不是成为他们心中希望你成为的样子？

你是否觉得从小到大，父母总是无法理解你？

你的父母会让你为他们付出的感情和他们的身心健康负责吗？

你的父母会不会经常呵斥你或者批评你？

与父母相处，你是否会深感痛苦？

即使成年了，你是否仍然渴望得到父母的关爱与认可？

如果你对以上问题的答案都是肯定的，那就说明你在成长过程中受到了自恋型父母的行为和态度的影响。

你可能会像这本书的大多数读者一样感同身受，觉得即使成年后，童年的一些不好的经历，仍像阴霾一样挥之不去，影响着自己现在的生活，所以你想做些什么来消除或者减缓这些经历带来的负面影响。首版《自私的父母：如何治愈你的童年创伤》中描述了一些父母的行为和态度，这些父母不一定会被归类为自以为是的人，但是他们的行为模式很"自恋"，也伤人颇深。而该书的第二版进一步探究了自恋型父母是如何对子女产生潜移默化的影响的，即使在子女成年之后，这种影响仍然笼罩着他们的生活。

本书旨在帮助那些成年后仍努力修复内心创伤的人们认识到，父母给他们带来的童年阴影是难以磨灭的，并且会对他们当下的人际关系交往产生影响。新版本还对这些话题展开了相关讨论，同时给出一些建议，帮助读者开发潜能，拓宽思路，寻找更多的可能性，从而帮助他们克服并摆脱这些负面影响。

本书主要包括以下五项指导思想和原则：

- 你的父母可能缺乏同理心，不愿意设身处地为你思考，而你也屡受困扰，时至今日，你的身心健康和发展依然受其影响。

- 你觉得自己应该对父母付出的情感和他们的身心健康负责，你一直努力工作，但几乎一无所获，总是无法得到父母的肯定和赞赏。

- 你总是对自己的自尊心、自信心和自我效能感不满意。同样，你的人际关系也受到了影响。

- 你曾经努力想要得到父母的理解和认可，希望父母能够表达对你的爱和欣赏，对你所做出的努力给予欣赏和支持，但种种努力之后，发现都是徒劳。

- 你试图改变你的父母，但是所做的任何尝试最终都以失败告终，父母并没有也并不会因此改变。

此版本新增的话题包括：

- 进一步深入了解为什么一些固执己见的父母在生活的其他方面能取得成功，而且为什么外人并不觉得你的父母很自恋？

- 如果和父母相处会继续打击你的自信心、自尊心和自我效能感，那应该如何与父母保持距离感，或者如何远离父母的管束?

- 如何放弃挣扎,学会茁壮成长?
- 正面回击的益处以及如何正面回击?
- 如何留意自己的心理变化,帮助自己从早期父母带给你的负面影响中恢复?
- 如何接受"父母不会改变"的事实?
- 当父母对你不屑一顾、嗤之以鼻的时候,如何免于受这些负面情绪的影响?
- 如何利用自己的优势,挖掘未知的内在潜力?

阅读本书并展开练习,可能会勾起你的伤心往事,让那些郁积于心的问题和忧虑重新浮出水面,从而让你意识到,那些不堪回首的遭遇并没有消弭。你或许不愿反复咀嚼那些想法和情绪,但是你不得不借此理解自己的经历,这是你蜕变的第一步。尽管做出改变很困难,但是这本书为你提供了具体的指导方案,可以减轻甚至消除自恋型父母对你造成的负面影响。你不必一直受苦受挫,畏葸不前。读完这本书,你就会找到治愈自己的不二法门:

- 消除与父母接触时激起的负面回忆;
- 表达内心的真实看法;
- 拥有良好的人际关系;
- 有能力处理困难。

我希望这本书里的练习能够鼓励你提高自身认知水平，深入理解"毒性"亲子关系，并根据书中的建议，完善自己的个性。

自恋的定义

自恋这个词已被广泛使用。自恋可以被定义为自爱、自尊以及对核心自我的感受。本书主要分析成年人的自恋行为，成年人的自恋行为是持续不断的。自恋可以是健康成熟的自恋，也可以是极其病态的自恋——不成熟、不现实，且完全以自我为中心的表现。一个人或多或少都带有自恋情结，有些自恋可以被正能量驱使，朝着健康的方向发展，有些尚处于萌芽阶段，还有些自恋情结却悄然向不成熟、不理性的消极方向滑落。如果一个成年人表现出婴孩般的行为和态度，那么这就是不成熟、不发达的自我。比如，不停地炫耀或吹嘘、希望他人能心甘情愿地立即满足自己的要求、做出一些毫无必要且会对自己造成伤害的冒险行为。

部分成年人存在上述几种自恋模式。本书讨论的自恋行为符合《美国精神病学协会精神疾病诊断和统计手册》所述的"自恋型人格障碍"症状，但本书不能作为诊断此类疾病的依据。我们主要观察自恋型父母的行为和态度，以及这些行为和态度如何影响当时甚至现在的你，从而探索如何治愈内心的创伤，成为自己想成为的人。

自恋的定义只是对一系列行为和态度的描述，并不能作为评判性格的标尺。它告诉我们一个人应怎样看待自己、评价他人，以及如何判断自己与他人的疏离程度。本书的重点在于挖掘这些行为和态度背后的深层含义，深入理解它们对人际关系的影响，探究这些行为和态度为何没有正面成长，以及自恋者为什么没能在成长过程中意识到这个问题。这是人际交往中的一个疑难杂症，因为处于不成熟或未发展阶段的自恋者，并不会意识到自己的行为和态度非常幼稚，而且总是忽视自己对他人造成的影响。

虽然本书中的信息和策略可以帮助你解决在日常生活中与父母和他人沟通互动时产生的问题，但是仍无法取代专业心理健康专家。阅读这本书，你能享受一场心灵之旅，但是因为个体的差异性，这本书可能无法适用于每个人。如果你渴望得到更深层次的理解，获取更专业的建议，请咨询专业人士。

破坏性自恋模式：你的父母自恋吗

自恋型人格指的是一个人几乎在任何情况下都一直超乎寻常地关注自己，无时无刻不以自我需求为中心，尽管他/她的有些行为看上去是为别人着想。本书所描述的这种持续性极端的自我行为，就是破坏性自恋模式。

以下为破坏性自恋模式的一些表现行为和态度，阅读并思考哪些特征与你父母的行为相吻合——只要你父母的行为和态度与这些内容大部分吻合，你们之间的亲子关系一定存在一些问题。

痴心妄想：这种父母不切实际地追名逐利，贪恋权贵。他们想要赢得一切，自认为知道什么才最适合别人，丝毫没有自知之明。

控制欲强烈：这种父母认为自己是无所不能的操控师，所有人都是提线木偶，应该任其摆布，以满足自己的所想所需。他们不认为别人是与自己不同的独立个体，总是希望并要求别人优待自己，将自己的需求凌驾于别人的需求之上。

缺乏同理心：这种父母常常无视自己批评、贬低他人所造成的影响，却希望自己能够被理解。每当出现差错或无力回天时，他们总是将原因归咎于别人。

双重标准：这种父母意识不到每个人都是独立的个体，他们只希望别人乐善好施，自己却不懂得知恩图报；喜欢发号施令，希望所有人都百依百顺；希望别人能对自己的需求心领神会；总是打探别人的私事，教育别人该怎么做，而且从不尊重别人的私人财产和界限。

内心匮乏：内心匮乏的人总会抱怨世态炎凉、命运不公，总是觉得自己被剥削、被排挤、被轻视。内心匮乏的父母会自我贬低，但是有人真正对他们自我贬低的话语表示认同时，他们又会感到伤心愤懑。他们贬低自己，其实是想得到别人的肯定和表扬。

寻求存在感：这种父母经常表现出引人注目的行为举止，

比如：高声说话，喋喋不休，在房间里吵吵嚷嚷，打扮得花枝招展，总是故作姿态。

渴望被欣赏：这种父母渴望得到众人的认同和赞赏，借此展示自我价值和优越感。他们总是自吹自擂，积极回应别人的恭维，渴望得到他人的认同，却没发现这些只是客套话。

情绪贫乏：自恋的父母很少表达和体验其他情绪，通常只会愤怒和恐惧。他们深谙各种描述情绪的词汇，却体会不到喜悦、快乐等情绪。

嫉妒：善妒之人的言语之中透露出对他人的憎恨，嫉妒别人功成名就。这种父母认为别人都德不配位。嫉妒会吞噬他们的内心。

蔑视：蔑视也是一种优越感，这种父母总是把周围的人分为三六九等，假如觉得一个人毫无价值，他们就会诋毁他，比如认为穷人不配得到帮助。

自大：自大就是自视高人一等，交流时盛气凌人，让对方觉得自己低人一等。这是一种粗鲁无礼的行为，而自恋型父母从未因此羞愧不安，而且言谈举止间经常有意无意地透露出优越感。

内心空虚：内心空虚的人认为人际交往只是图一己之便，并不愿意真心对待他人。这类人很难建立和维系有意义、令人满足且持久的人际关系，他们在独处时非常焦虑，非常渴望社交。

亲职化：亲职化的父母认为孩子要对父母的身心健康负

责，这种观点有悖常理。亲职化常体现在父母的言语之中，比如："如果你在乎我，你就应该……""只要你……，你就是我的乖孩子……""难道你不希望我关心你吗？""你应该……，那我就高兴了。""你让我很失望！""你就不能照我说的做吗？"等等。

沉浸在孩子的荣誉里：这类父母要求孩子按照自己的期望成长，比如希望孩子文武双全或者在各方面出类拔萃。孩子必须成功，否则家长就会非常失望。但他们对孩子的需求和心愿却漠不关心，充耳不闻。

不能容忍子女的价值观和需求：这类父母觉得孩子是自己的一部分，而不是独立的个体。他们容不下任何批评或反对意见，认为自己在别人眼中永远是完美的。假如孩子对父母有所不满，或者发现父母也会犯错误，他们就会恼羞成怒。

利用他人：这类父母不认为他人是独立、与众不同、有价值的个体，他们常利用他人为自己谋利，常表现为爱占别人便宜、控制欲很强、总想着不劳而获。

通过阅读，你已经意识到，你的父母可能很符合以上一些描述。假如你认为父母的许多特征非常符合自恋的表现，那么请继续阅读下文，更好地探究你在成长过程中受到的影响，这影响时至今日于你依然如影随形。接下来，你会了解到各种类型的自恋型父母，你父母的行为和态度或许正符合某种特殊的类型。但是切记，这些描述和分类仅供参考和讨论，并不能作为绝对的评判依据。

亲职化关系中的子女

自恋型父母的许多特征都非常符合上文的描述。另外，他们总是有意无意地希望孩子对自己的幸福负责，这与正常的亲子关系截然相反。在这种父母管教下成长的孩子，大多会有以下体验：

- 即使成年，依然认为自己是父母的延伸；
- 即使成年，依然处在父母的掌控之中；
- 任何时候都必须优先满足父母的期望；
- 必须体察并且努力满足父母的需求；
- 认为任何时候都应该关注并仰慕父母；
- 父母希望孩子牺牲自己的生活和幸福来照顾他们；
- 必须理解父母的感受，但是从没指望也从未感受过父母对自己的同理心；
- 绝不能犯错，不能对父母造成不良影响；
- 如果父母需要，应立刻放下手头的事满足父母的需求；
- 不允许自己有任何独立自主的行为。

自恋型父母的孩子从一出生就受到父母的影响。父母不允许孩子成长为独立的个体，孩子成年之后，很可能会发现这些行为和态度对他们成年后的生活造成了严重的负面影响。阅读以下内容，结合自身想法、感受和态度，评价自己当前的状态：

- 你是否很难建立并维系充实、有意义、持久的人际关系？
- 假如有人试图控制你，让你做对自己没有好处的事，你是否能察觉？
- 你是否很难表达出多种多样的情绪？
- 你是否会囿于别人的情绪，不知所措？
- 你是否容易陷入别人的情绪？
- 你是否总是认为别人在针对你？
- 你是否很难控制自己的负面情绪，比如愤怒和怨恨？
- 你是否时刻准备讨好别人，并为此感到焦虑？
- 你是否总是因害怕犯错而犹豫不决？
- 你是否好奇为什么别人总是那么开心？

如果你基本符合上述内容，那么你可能正忍受着长期的负面影响，这些影响源自"陪伴"你一起长大的破坏性自恋型父母。你当前的行为、感觉和人际关系告诉你应该改变，学会如何与自恋型父母相处。

亲职化的影响

这里讲的是亲职化育儿方式如何影响成年子女的情绪易感

性。情绪易感性指容易被别人的情绪感染（通常是负面情绪），自主吸收这种情绪，并沉浸于此无法纾解。阅读时，请尝试评估自己是否对此有所体会，感触颇深。

亲职化最折磨人、最持久的影响之一就是子女拥有过于敏感的情绪。这些人的心理边界在成长过程中没有发展成熟，所以无法分辨出别人的哪些情绪可以接受、哪些应该远离。在你的生活中，以下情况是否经常发生？

- 不断观察别人并且尝试了解他们的感受，当他们有需求或处于困境时，你可以照顾他们；
- 别人进退维谷时，你也会坐立不安；
- 你往往需要获得他人的好感和认同；
- 即使对方是成年人，有能力照顾好自己，你仍觉得应该为别人的情感健康负责；
- 你总是感到闷闷不乐、心烦意乱，甚至经常忐忑不安，而且这些负面情绪很难平复；
- 一旦察觉到有冲突要发生，你就觉得非常害怕，哪怕这些冲突与你无关；
- 只有周围的人都乐观向上，你才能感到快乐。

如果以上描述非常符合你当下的感受，那么以下内容可以帮助你未雨绸缪。

子女对破坏性自恋型父母的两种典型反应

如果父母在亲子互动中经常表现出破坏性自恋模式，孩子一般有两种反应：顺从或者反抗。

顺从父母的孩子越来越努力地取悦父母，这种模式对孩子造成的影响会一直持续到孩子成年之后。一旦别人表现出不高兴，他们就非常紧张，费尽心思地取悦他人。顺从反应还包括了焦虑地感知他人举手投足间传递出的忧虑、欲望或者需求；无法接受不完美；永远觉得自己不够好；对自己的认知总是取决于他人的看法。

而反抗父母的孩子不会取悦父母，因为他们知道结果肯定是失败。他们看上去好像根本不在乎别人对自己的看法，也从不考虑别人的需求，总是与别人保持距离，坚持自己的立场。这类孩子很难信任别人，对建立有意义的、令人满足的人际关系唯恐避之不及。

自恋型父母的类型

自恋的行为和态度五花八门，你的父母可能只符合其中几项表现，而不会一一对应，这或许令你感到十分困惑。为了便于讨论，我们将自恋型父母分为4类：自卑型、易怒型、诡计多端型和哗众取宠型。接下来将一一呈现这4类父母的基本表现和行为特征，以及顺从型孩子和反抗型孩子面对他们时可能做出的反应。

自卑型：自卑的自恋型父母常给人古道热肠的好印象。这类父母非常细心，善于体察每个人的需求，并且非常渴望自己的努力得到认可。这种对被认可的渴望，是自恋型人格的典型特征。这类父母希望自己对孩子的点点滴滴都能得到子女和外人的关注、赞赏和认可。他们并不是无私地养育孩子，相反，他们需要孩子在情感上予以偿还。假如孩子拒绝父母的"好意"，或者不认可父母的行为表现，比如蹒跚学步的孩子开始萌发独立意识，父母就会感到不高兴，甚至对孩子严加管教（比如过度保护）。这类父母总想让别人知道自己工作多么努力、为孩子做出了多少牺牲、多么关心孩子，生怕有人忽视或忘记了他们的伟大。

这类父母的表现包括喜欢依附他人，对他人过度关心，并且有过度保护的倾向。他们总是夸大所谓的个人牺牲，经常怨声载道；独处时，他们似乎会感到焦虑；总是缠着孩子，试图了解孩子的所有想法和感受；永远不会觉得自己冒犯了别人；很容易受到伤害，因为他们对别人的批评非常敏感。这样的父母永远不会感同身受，虽然他们看上去总显得能够将心比心。

易怒型：易怒的自恋型父母对别人的要求非常高，希望别人能迅速、准确地满足自己的需求，无论自己是否明确提出过这些需求。这类父母总是要求别人"以正确的方式""做该做的事情"。究竟什么是"正确"的方式、什么是"该做"的事，对此，他们总是闪烁其词。而且这类父母也非常敏感，能从别人的只言片语中感受到他人对自己的反对、批评和指责，无论对方是不是这个意思。因此，孩子在这类父母身边总是局促不安，谨言慎行，努力"把事情做好"，甚至干脆远离他们，或者拒绝与他们沟通交流。

这类父母的表现包括永远不会心满意足；严以待人；吹毛求疵，任何事情都必须按照他们的意愿去做，必须达到他们的标准；苛求十全十美；将自己的不适归咎于孩子或其他人；总是贬低孩子或其他人；总觉得自己被冒犯。

诡计多端型： 诡计多端的自恋型父母无时无刻不自诩出类拔萃、与众不同。他们试图告诉所有人，甚至包括子女，要有自知之明，要向他们低头。这类父母会为了达到目的而撒谎、欺骗、歪曲事实或误导他人，即使是自己的子女，也是他们操纵和剥削的对象。诡计多端的自恋型父母非常擅长察言观色，总是能够解读出别人的需求和情感需要，从而实现操纵和利用他人的目的。拥有这类父母的孩子成年后总是对别人保持高度的警觉性，不断怀疑别人的动机。在人际交往中，这些子女总是倾向于受人摆布，听令他人去做自己不想做或有损自己利益的事情。

这类父母的表现还包括喜欢发号施令，控制欲非常强；总是不惜一切代价获胜；为了得到想要的东西而撒谎、欺骗、误导他人或扭曲事实，尽管有时只是为了看看别人是否会上当受骗；为了得到想要的东西而强迫、诱惑或讨好别人；喜欢利用别人；

总是鄙视别人不如自己；报复心强；想尽一切办法图谋私利，打压别人，认为任何人都应毫不犹豫地遵照他们的指令行事。而且在这类父母眼里，天下乌鸦一般黑，所有人都与他们一样，所以他们挖空心思，事事都要抢占先机。

哗众取宠型：哗众取宠的父母可以形容为"永远在舞台上""在别人面前表演""引人注目"。在这类父母的眼中，自己才是主角，别人都是配角，配角要做到"绿叶衬红花"，有义务配合自己的演出，衬托出自己的光彩夺目。这类父母认为孩子是父母的延伸，孩子的存在是为了让自己在更多更广的领域受到关注和膜拜，让自己比其他人更厉害，等等。他们的孩子永远不能失败，孩子的成就完全归功于父母。哗众取宠型父母培养的孩子往往表现得谨小慎微，时刻寻求关注，渴望得到欣赏，他们的任何行动都要向父母看齐。

哗众取宠型父母的表现包括：言行举止富有戏剧性；热衷于吹捧自己；喜欢夸大其词，有点小毛病就叫苦连天；时刻感到焦躁，游走于不同的人际关系或不同的事务之间；总是自我推销；总是高估个人能力和才华；妒忌抢了自己风头的人；毫无心理边界意识，总是侵犯他人的私人财产和私人空间；总是对别人评头论足。

对自恋型父母的不同反应

为了保护自己免受破坏性自恋型父母的伤害，这类父母的孩子通常有两种反应：顺从和反抗。本节主要描述了这两种反应下的孩子如何应付上述四种类型的父母。

面对自卑型父母

顺从的孩子：自卑的自恋型父母培养的顺从型孩子，即使在成年后，他们对他人的需求也会过于敏感。他们时时刻刻在无意识地观察他人的痛苦迹象和需求，试图揣测他人的想法，甚至在他人提出请求之前就开始思考回应策略。这类子女即使成年后对分歧或其他形式的冲突仍然感到非常焦虑和害怕，大多数时候，他们会把个人需求摆在次要位置。别人沮丧的时候，他们会感到内疚和羞愧，会为了讨好别人而做自己不想做的事情。所以这类孩子很容易受到诱惑，并经常深陷于别人的情绪而无法自拔。

反抗的孩子：这类孩子在成年后往往会与他人保持距离，拒绝和别人产生心理接触。他们的反应比较迟钝，总是无视他人的需求。他们会公开反对某人，却总是逃避冲突。如果有人引诱或胁迫他们，他们就会心生怨恨。

面对易怒型父母

顺从的孩子：易怒的自恋型父母管教下的顺从型孩子，在成年后习惯阿谀奉承，并且害怕争端。他们大多是完美主义者，但容易妄自菲薄，无法接受或相信来自外界的赞美。无论是孩童时期还是已经成年，一旦他们感知到微乎其微的批评或责备，就畏葸不前。这类孩子很容易成为霸凌的对象，他们总是努力达到别人的期望。

反抗的孩子： 做出反抗反应的孩子往往目中无人，争强好斗，一旦受到批评，就会开启过度防御模式，这种行为会一直持续到其成年。他们把攻击他人作为自我保护的第一道防线，对别人漠不关心，不认可也不接受他人的支持。

面对诡计多端型父母

顺从的孩子： 做出顺从反应的孩子在成年后会创造出一个虚假的自我形象，他们极善于恭维和讨好别人，同时诡计多端、假话连篇。这类孩子很容易被引诱或胁迫，他们害怕被别人拒绝，而且容易感到焦虑，对未知的事情缺乏信心。

反抗的孩子： 做出反抗反应的孩子会对他人保持高度的警觉性，总是怀疑别人的动机。这类孩子因为害怕受到胁迫或引诱而与外界格格不入。他们总觉得自己被利用了，并且时刻提防着别人的阴谋。

面对哗众取宠型父母

顺从的孩子： 哗众取宠型父母养育出的顺从型孩子温顺谦逊，但常常容易感到自卑。他们总是惴惴不安、杞人忧天，凡事都往坏处想，并且无法保护自己的心理边界。

反抗的孩子： 做出反抗反应的孩子往往会做出自我毁灭式的危险行为。溜须拍马是他们应付人际交往的工具，尽管表面上一派和谐，但是他们心里对此十分反感。他们对别人的想法非常抵触，但是善于隐藏自己的真实感受。

总结和后续步骤

读到这里，你或许已经能够感知到，你的父母是否符合破坏性自恋型父母的特征，也清楚了自己的应对方式是顺从还是反抗。不同类型的划分之间可能有所重叠，上述类型仅供参考，你也可以根据自己的情况灵活调整。

本章之后的内容将引导你理解自己的成长经历，帮助你了解为何成长为今天的自己，教你如何与自恋型父母相处，如何减少或消除父母的行为和态度对你造成的负面影响。你可以学到：

- 控制和管理不良情绪，学会抵御操纵、诱惑和胁迫，尤其是来自父母的控制、诱惑和胁迫；
- 更实际地看待父母，放弃父母会按照你的想法做出改变的幻想；
- 知道与父母交往时该做什么、该说什么，从而消除负面情绪；
- 培养你的同理心、创造力等成年人健康的品格，帮助你成为自己想成为的人；
- 减少错误信念，消除尚未成熟的自恋情绪，拥有更好的人际关系，建立目标，让生活更有意义，找到内心的满足感；

- 克服父母破坏性自恋行为对你造成的持续性负面影响；
- 学习处理与父母相处时产生的摩擦，特别是有其他人在场的情况下；
- 获得自由，成为你想成为的人，不受自恋型父母的影响，努力挣脱他们的束缚。

本章练习

视觉化展现

（如果你想把脑海中的画面画出来，请提前准备好绘画材料：一张或多张纸，一套蜡笔、马克笔或彩色铅笔。）

闭上眼，静坐沉思（如果不习惯闭眼，也可睁眼），让情绪稳定下来，你可以随时睁眼停止视觉化展现。当你展开想象时，试着记录尽可能多的细节，包括声音、气味、颜色等。在视觉化的过程中，请注意内心感受和场景演变。如果你愿意，当你准备好了，就请睁开眼睛，将脑海中的场景画下来（这有助于你牢记刚才所想的画面）。以后只要在回想的时候，让这个画面浮现于脑海，你就可以随时回到那个宁静的世界。当你对父母的想法、情绪和其他反应感到苦恼时，你可以回想那个场景。

写作

找一个安静、不受打扰的地方，准备好一张纸和一支笔。根据你当天和父母的相处情况，写一段关于父母的描述。请注意本章中列出的自恋行为和态度。

绘画／拼贴

收集素材用于绘画或拼贴。画出或拼贴出符合你当天状态的几个符号（5～6个即可），把握重点，比如太阳代表你当天怎样的精神状态。

第二章

自恋型父母的延续性影响

加里今年 45 岁，已婚，收入颇丰，工作上态度认真、尽职尽责，深受同事喜爱，生活中家庭和睦，过着别人眼里的幸福生活。但是加里总是质疑自己的能力和人缘，而且很容易被别人左右。他不断讨好别人，甚至有时会为此感到不适和苦恼，搞不懂为什么自己做不到拒绝别人，也无法坚持自己的立场。为了得到别人的认可，加里总是拼命追求一些无法企及的目标。

童年经历对成年子女的影响

父母的言行举止不仅会影响孩子的童年，而且在孩子成年后仍会对其生活持续产生影响。这些言行举止"威力无穷"，会在不经意间侵袭孩子的自尊心，以致孩子在成年后仍然深受其害，难以释怀。本章会讨论父母的这些言行举止将如何影响孩子成年后的生活，以及这些童年伤害在成年人的自我认知中所起的作用。

自恋创伤

　　自恋创伤指的是个体对自己内心本质的伤害。通过从外界接收到的信息，人会自我暗示自己存在致命缺陷、不受重视、毫无价值等负面想法，从而产生自恋创伤。早在孩子可以从外界感知信息，却无法用言语表达自己的想法时，这些伤口可能就形成了，因为父母在照顾孩子时的行为无不体现了他们对孩子的态度。如果婴儿或儿童没有得到父母的积极回应，就可能会产生自恋创伤，并会持续影响他们的成长。旧伤未愈，又添新伤，日积月累，最终让孩子在成年后产生消极感知。

　　当然，在当时的处境下，你可能没搞清楚到底发生了什么，也还没有完全意识到这些童年经历会如何持续影响你成年后的性格、人际交往和言行举止。父母如何回应你、他们有意无意向你灌输了什么信息、你自身的性格以及你对父母的回应，这些因素相互影响、相互作用，导致你形成了现在的性格。

　　在成长过程中，父母对孩子需求的响应力对孩子自尊心的发展至关重要，父母的同理心和积极回应有助于培养孩子的自尊心。如果你的父母过于自恋，不能或不愿充分表达出对你的包容，那你就会感知不到有益的信息，觉得自己毫无价值、不受宠爱。虽然缺乏同情心或同理心并不一定会阻碍自尊心的正向发展，但是你仍在努力克服缺乏自尊心所造成的影响。

　　孩子随时随地都在接收父母有意无意传递出的信息，这些信息会融入孩子的思维，潜移默化地影响着孩子的行为举止。也就是说，你意识不到这些信息将如何影响自己为人处世的方式。孩子深受这些信息的影响，他们从父母的回应中了解自己的价值何在、才貌如何、在家中承担什么角色、长大后被期望做什么，有多受家人的宠爱等。由此可见，父母传递出的信息非常重要，意义深远。

天生我材必有用。人的性格不同，与父母的相处方式也大不相同。尽管每段亲子关系都是独一无二的，但它们也存在一些共性。每个自恋型父母的孩子都会受到伤害，但是不同的人受伤的方式也不尽相同。本章讨论的是自恋型父母传递的信息对成年子女的影响。

你是否遭受过童年自恋创伤

如果你觉得自己受到了伤害却无法治愈，那你该如何了解这种自恋伤害呢？如果这些伤害发生在婴幼儿时期，那么你可能已经忘了，因为那时你还不会表达，也没有能力记住这些伤害。但是，这些伤害仍可以间接地、隐蔽地影响你。比如，有些人无法主动开展并维系有意义且持久的人际关系，有些人对他人的批评非常敏感。童年的这些伤害会持续影响你，潜伏在你的头脑中，潜移默化地对你的自尊心产生负面影响，使你做出自我伤害的行为。

在经历过童年创伤后，了解自己，清楚自己的价值和信念很重要。比如，你是否坚持自己必须要拥有一段亲密的关系才能有满足感和安全感，才会感到有价值、被重视？你是否很难融入一段满意的人际关系，很难获得他人的喜爱？如果是这样，你当前的行为可能是出于你内心深处的需求感，而这些深切需求是你的自恋型父母养育不当所导致的。

遭受过童年自恋创伤的迹象

以下一些迹象可以表明你曾受到自恋创伤。阅读以下内容，回忆一下，当你和他人相处或遇到某些困扰时，你是否经常会产生以下感想：

- 我有很多缺陷，如果有人察觉出了我的缺陷，他们就会讨厌我，不会喜欢和认可我；
- 因为我习惯于受他人控制，所以总是无法坚持自己的价值观和原则；
- 我保护不了自己，总是按照他人的指示做事；
- 我认为大多数人都比我强；
- 我很担心别人发现我的真实面目，一旦被他们发现，我就完了；
- 如果别人都不喜欢我，不认可我，那我就活不下去了；
- 我无法阻止别人诋毁我或抛弃我。

这些想法是否符合你的真实心境？除此之外，还有一些迹象：

- 人际关系非常不稳定，不健康；

- 对自己不满，例如对自己的容貌非常不满意；

- 甚少有满足感；

- 永远无法感觉良好；

- 永远无法信任别人；

- 找不到人生的意义和目标；

- 不断否定自己，对自己的评价都是负面的。

如果你对上述两个或两个以上的说法产生共鸣，那么你可能经历过童年自恋创伤。下文将提供一些建议，帮助你理解这些创伤对你的影响，并告诉你如何采取一些措施进行自我疗愈。

内心信念或想法

上文列出的那些想法是不合逻辑的自我暗示，这些想法都会伤害到你自己。我们将对此进行深入剖析，让你正视自己的内心。

你之所以感到受伤，并不是受到了别人的言论或行为的影响，而是因为你对自己产生了负面的评价。如果你对自己的内在本质不抱有如此消极的想法，那么别人说或做的事情就不会影响到你。你对其中的一些想法已经有所觉察，但还有一些负面想法依然潜伏在你的潜意识里，随时可能冒出头来，还有一些想法一直被深埋着，唯有通过你的一些反应表现出来。你会下意识地否认自己有这些想法，但实际上，如果这些想法真的完全不存在，你根本不会产生消极的情绪。接下来，你要做的是了解并理解自己内心深处的真实想法，努力去消除那些消极、失落、毫无意义的想法。

以下想法可能会导致你感到受伤：

只有得到别人的肯定，我才能活下去。他人的赞赏可以支持你、鼓励你。假如你得到了别人的肯定，你就会感到自信，知道自己被他人接受，不会被抛弃、被诋毁。尽管这种说法有些极端，但渴望得到认可的背后却隐藏着你深深的恐惧感。每个人都害怕被抛弃、被诋毁，每个人都想得到他人的认可。童年时期家人和其他重要人物的充分认可或许能帮助你建立足够的自信，让你相信自己可以得到其他人的认同、支持和鼓励。充分的认可意味着别人喜爱并接受你本来的样子。

我必须要做到完美。如果你认为自己有义务时刻保持完美，那么这种想法会给你带来很多痛苦，因为你永远也无法对自己满意。你总觉得自己做不到十全十美，也没有人安慰你，说"其实你已经很不错了"，所以你总是无法接受不完美的自己。你不仅对自己要求严格，而且还将这种想法强加在别人身上，希望别人也做到完美。如此苛刻的要求必然有损你的人际关系。

照顾他人是我的责任。假如有人确实需要你照顾，这个想法是非常值得称赞的。但是这个想法也会有不适用的时候，比如你不自觉地认为自己需要照顾所有人，对所有人负责，会过度保护别人，不接受和不相信别人能照顾好自己，关心别人的方式突破了别人的界限，强迫他人接受你的照顾，总是因为别人痛苦而感到自责、羞愧等。有这些迹象，表明你可能责任心过强，不知道自己需承担的责任是有限的，并且还没意识到别人也是独立自主的个体。很多情况下，你很有可能无意识地受制于父母。如果你不能满足别人所有的需求，就会感到焦虑、羞愧甚至耻辱。

别人的需求比自己的需求更重要。你下意识地认为别人的需求远远大过自己的需求。曾经的一些经历让你渐渐把别人的需求放在第一位，比如父母或其他监护人对你缺乏同理心，总是忽略你的感受，总是批评责怪你，不会接受并欣赏你的个性，等等。你难以克服这种想法，无法在优先顾及自己和优先照顾他人之间找到一个较为满意的平衡点。

我有严重的缺陷，所以我无法变得更好。这种想法会催生出绝望无助的情绪。当你感到受伤或感到耻辱时，这些情绪就会涌上心头。即使你倾尽全力抑制这样的想法，依然会重蹈覆辙，也会遭到同样的指责批评或其他负面评价。你不明白为什么自己就是做不对，而别人好像从没出现过这样的问题。

没有别人的关心，我就活不下去。如果一个人觉得自己需要被别人照顾，通常指的是心理和情感两个方面。成年人需要得到生理上的照顾是十分正常的，这不在本书的讨论范围之内。我们要讨论的是为什么有些人需要建立亲密的人际关系，认为自己需要得到别人的关心。萌生这种想法会伤害到你，让你感觉自己被疏远，你因此变得脆弱，很容易陷入一种支离破碎的关系中，做自己不想做的事，忍受贬低和羞辱。

我绝不能展现出真实的一面，否则他们就会疏远我。你很了解自己身上的一些特点，但是你将这些特点隐藏得很好，害怕别人一旦发现你的这些特点就会疏远你。你可能觉得藏起来的部分才是"真实"的自己。别人的一些言行举止让你以为自己暴露了真实的一面，从而疏远你，这种感觉让你备感痛苦。

在任何方面（能力、智力等）我都不如别人。当你觉得自己不如别人的时候，你很容易受到伤害。因为你总是不断地告诉自己：别人更富有、更聪明、更有才华、更好看、地位更高等。另外，每犯一个错误，你就多否定自己一次。假如有人对你的缺点或消极的一面做出评价，你内心的负面信念就会变本加厉。这些都会伤害到你，让你时刻处于一种受伤的状态。

我永远得不到我想要的东西。有这种想法，是因为你缺乏自我效能感。这种想法可能在你童年时期甚至婴儿时期就产生了，因为你的自恋型父母总是无法及时满足你的需求，甚至会直接忽略你的一些感受。

负面想法和自我肯定

接下来让我们探究一下这些看上去负面且不合逻辑的想法是否对你产生了影响，是否能够符合逻辑，是否实用，并考虑一些可以帮助你肯定自己，消除负面情绪的方法。

负面想法①：我需要得到别人的认可。

如果在和父母相处时，你只有在以下的特定情况下才能得到父母的认可，你可能缺乏肯定感，这些特定情况包括：

- 你总是要满足父母的需求；
- 父母期望你主动了解他们的心思，体察他们的需求；
- 父母感到高兴，是因为你帮他们做了某些事，而不是为你感到高兴；
- 父母为你所取得的重大成就而感到自豪，他们会夸大其词，吹嘘你的成就，借此对你表示认可；
- 只有名列前茅、有成就，你才能得到父母的认可。

自我肯定：我想要得到他/她的认可，但是得不到也没关系。

负面想法②：我必须要做到完美。

这种想法是如何产生的？从什么时候开始你给自己洗脑，认为完美是生存的唯一途径？请注意，这种想法强调的并不是追求完美的过程，而是你必须做到十全十美。即使理智告诉你，人无完人，达到完美是不可能的，但你依然不依不饶。童年时期，父母对你的错误大加指责，毫无同理心，这些经历促使你产生这种想法。

请你注意一下，执着于完美的行为态度对你和你的人际关系毫无意义。在这种意识的驱使下，你可以学着满足于当下的状态，稳中求进，努力变得更好。你可以在某些方面力求完美，但是也要接受美中不足。如果你没有达到自己对自己或者别人对自己的期望时，这种想法可以帮助你减少伤害。试着念一念下面这个句子，学着接受他人的缺陷。

自我肯定：做一个还不错的人就足够了。我会尽力做得更好，但我依然喜欢现在这个不完美的自己。

负面想法③：我需要照顾别人。

这种想法是否负面，取决于你关心他人的程度。对于确实需要你照顾的人，有这种想法是非常合理的，比如儿童和老人，或者在你的专业领域内需要你照顾的人。对那些遭受不幸或者处于痛苦之中的人，给予照顾和关心太正常不过了。

为什么对别人的身心健康过分负责会让自己受伤？因为当其他人感到不适或有所困扰时，你会感觉内疚、羞愧，从而打击了你的积极性。还有一些情况会让你滋生罪恶感，比如有朋友或亲戚让你少管闲事，对此你深感苦恼。

请保持乐善好施的优良品质，改正总想替人出头、不分青红皂白就"帮助"别人的毛病。学会分辨何时该帮助别人、何时不需要。在你急着施予援手前，试着对自己说下面的话。

自我肯定：我对别人有信心，他们可以自己解决问题，这才是对他们最好的帮助。

负面想法④：我必须要照顾他人的需求。

这种想法与上一种相似，总认为别人的需求比自己的需求更重要。有些情况下的确如此，别人的需求远大于你的需求，你应该优先满足别人的需求，比如，至亲生病时、要照顾老人或儿童时、工作太忙时，你都需要暂时放弃自己的需求。这些情况不在我们的讨论范围内，我们要探索的是一种思维定式，这种思维定式认为你自己的需求永远不能置于别人的需求之上。

每当你觉得应该优先照顾别人，再去满足自己的需求时，请问问自己：如果我先满足了自己的需求，别人真的会有损失吗？如果你优先顾及了自己的需求，却对此感到不安，或者优先照顾别人的需求能让你更安心，请试着对自己说下面这句自我肯定的话。

自我肯定：我值得被别人优先对待，照顾好自己也很重要。

负面想法⑤：我有严重的缺陷。

除了外界对你造成的伤害，你对自己的不当看法也会给你带来痛苦。在某种程度上，你可能会感觉自己比别人差劲，但是当别人问你是否有这种想法时，你会一口否定，死不承认。你希望别人眼中的你和你眼中的自己不一样，你非常害怕别人会和你一样看待你自己。所以你会采取各种态度，使用各种小伎俩为自己辩护，比如自视清高、合理化、矢口否认。

你总觉得自己还不够好，害怕他人会抛弃你、摧毁你，所以你不希望被别人看透。这很容易让你反复受到伤害，一旦受伤，你要承受更多痛苦。这种痛苦日积月累，最终成为"压死骆驼的最后一根稻草"。

克服对自己的否定，建立积极的心态需要投入相当多的时间和精力，我建议你立即行动起来。假如你已经竭尽全力（无论是独立完成还是依靠别人的帮助），却依然时不时感到羞耻或无助，请试一试这些自我肯定的话。

自我肯定：我可以做得更好，而且我会努力去做。

负面想法⑥：我需要得到别人的关照。

你会做任何事情来逃避独处，却无法在人际交往中获得快乐和满足，甚至会感到孤独。请每天对自己进行如下自我肯定，至少坚持一个月（越久越好）。

自我肯定：我足够坚强，我可以靠自己活下去。我可以建立有意义、有满足感的人际关系。

负面想法⑦：我无法坦露自我。

你可能也不清楚自己的真实面目。每个人都有自己意识不到的一面，外人却可以察觉到，出于种种原因，还有一些性格隐藏得非常深。揭开自己真实的一面，是我们毕生追求的目标，或许还需要得到相关专业人士的帮助。不管你出于什么原因隐藏自己的真实面目，你最后总会受到伤害，因为你不可能完美地掩盖所有东西。当然，有些人似乎可以做到这一点，但是仔细分析他们的处境你就会发现，其实外人能察觉出他／她在掩饰内心的羞耻与自卑，只是本人不肯承认罢了。他／她极力否认别人的想法，压抑自己的情绪，找借口来证明别人看到、察觉到的都是假象。

其实你也应该探索自己隐藏的那部分性格特点，搞清楚为什么伪装自己对你那么重要。这并不是说你要坦露所有秘密或跟别人不停絮叨你的性格缺陷，你不需要做这些。你只是因为害怕被疏远，所以隐藏了某些不想为人知的性格特点，你只需要意识到这一点，这对你非常有帮助。

自我肯定：我可以展示出更真实的自己，我欣赏我的部分特点，不介意让别人认识到我身上更多的特点。

负面想法⑧：做出改变让我深感无助。

你是否尝试做出改变却屡屡失败？你是否和大多数人一样，试图改变却发现得不到回报，甚至让情况变得更糟，因此觉得十分沮丧？屡战屡败、屡败屡战的挫败感让你觉得十分羞愧，尤其当你主动寻求改变，或别人希望你做出改变时。

你想要改变什么？为什么要改变？是什么阻碍了你做出这些改变？尽管失败了很多次，但你并没有放弃，只是还不清楚应该做什么、如何去做。另外，从某种程度上讲，你觉得自己的缺陷太严重，坚信自己无能为力，这种感觉才是让你滋生出羞愧感的罪魁祸首，并且让你一直感到孤立无援。

做出改变需要经历许多步。首先要从了解自己当下的经历开始，然后弄清楚自己为什么这样做，制订一个详细的计划，循序渐进，保留再次失败的余地。有一些改变需要得到专业人士的帮助，这也可以让你减少无助感。当你感到非常无力，无法做出改变时，请试试下面的自我肯定：

自我肯定：我可以做出改变，只是还没有找到正确的办法，我不会放弃。

负面想法⑨：我不如别人。

觉得自己不如别人的表现包括缺少自尊心、缺乏自信心、有自卑感等，在和别人相比时，总感觉自己处于劣势地位。此外，你还会不切实际地幻想，除非自己在各方面都更胜一筹，否则就毫无价值。其实更符合实际的想法或者更容易让你接纳自己的想法应该是人无完人。你有需要改进的地方，别人也需要进步。人际交往不是比赛，无所谓输赢，总是拿自己和别人比较对你毫无益处。

关注自己的优点才是你应该做的，同时也不要忽视或者否认自己的缺点，积极进取，精益求精。不过，你要改掉瞎琢磨自己缺点的坏习惯，死钻牛角尖只会放大你的缺点，让其看上去无可救药。总之，即使你有缺点，你也要坚信自己和其他人一样，因为每个人都有自己的价值。试试下面的自我肯定。

自我肯定：大多数错误是可以改正的，下次我会做得更好。我仍需努力，但这并不意味着我毫无价值。我会成为更好的自己，有清晰的自我认知，竭尽全力发挥我的才能。

负面想法⑩：我得不到我想要的。

几乎每个成年人都能满足自己的所想所求，尤其是最基本的需求。所以与其说是自己的需求得不到满足，不如说是自己得不到别人的关心照顾。你把矛头指向了别人，仿佛别人就有义务为你的需求负责。这种想法适用于老弱病残，但对于正常的成年人来说太不合理了。你应该为自己的需求负责，而不是将期望强加于其他人身上。每当你发现自己得不到想要的东西，这种不切实际的幻想就会伤害到你。

自我肯定：我可以照顾好自己，我可以满足自己的大部分需求和愿望。

如何自助

现在，你应该已经明了如何敞开心扉，正视内心的伤口。其实你无须受到这么多伤害，也不必因别人的评价而感到自责。只要内心足够笃定，足够强大，能够自省，你就不会为此感到羞愧。你也没必要将那些伤害、怨恨、挑衅的心理和自欺欺人的想法藏在心底。发展和强化内在，可以增强你的自信心、自尊心和自我效能感。如果你对某些自暴自弃的行为和态度已经有所了解，并且尝试了本章所介绍的一些自我肯定的方法，那说明你已经开始进步了。

你可以在认知层面做出一些转变，这对你也有帮助。把自己当前一些非常消极的想法转变得更积极、更有意义、更有逻辑、更现实。在转变过程中，你身上的优点并不会受到影响，反而会发扬光大，同时能够减少你的内疚感、恐惧感、空虚感等一系列消极的想法。仔细阅读每条知觉转变，想一想自己能否进行认知转变。

转变前	转变后
需要得到别人的认可	自己认可自己
追求完美	学会知足
责任心过强	保持合理的界限
觉得自己低人一等	承认并接纳自己的优点
依赖性很强	独立，相互依赖，相互关心
不肯接受自己	接受自己身上的每一种特质，包括你不喜欢并想要改变的那部分
感到无助绝望	尽力而为，顺势而下

建立更健康的真实自我

本章第一部分帮助你了解到自恋型父母在你的童年时期会对你产生什么样的影响，又是如何影响你当下的思想和行事态度的，如何消极地影响你的自尊、自我认知甚至你的人际关系的。随后的内容将会介绍我们应如何更好地了解自己、了解他人，建立更健康的真实自我。你的核心自我在某些方面十分健康，但你可能仍然不满足于现状，认为自己不够完美。童年经历会有意无意地持续影响你，因此深入了解这些影响将有助于你克服父母的言行举止对你造成的负面影响。

最能鼓励你的想法就是：努力成为自己想要成为的人，从而更加有自信心、自尊心和自我效能感。为此，你要在以下几方面加以努力：

意义和目标。认清生活、工作和人际交往的意义和目标。虽然这些意义和目标随时都有可能发生变化，但它们始终有存在的必要。本章末尾分享的"练习"可以帮助你理解并确立目标。

善良。时刻做到善解人意，无私奉献。坚持利他主义，乐于助人，不求回报。待人真诚，对他人和自己都有帮助。

富有同情心。努力对他人抱有同理心，指的是能够进入其他人的世界并感知到他们内心的真实想法，并且不会失去自我：既不会陷入他人的情感，也不会被他们的情绪影响。但是，这种共情反应不必以过于强烈的同理心为代价。这就要求我们能与他人产生共鸣，但不要将别人的感想与自己的情绪混为一谈，然后将这种感受诉说给对方。理解并认可他人的感受是非常有益的，有助于扩大人际关系。

坚持不懈。学会坚强，持之以恒，在面对逆境时勇敢迎击，不屈不挠，即使摔了跟头，也要勇敢地站起来，要么从头再来，要么朝另一个方向继续努力。

管理好情绪。处理好消极情绪，尤其是与自恋型父母互动时产生的情绪。本书中很多章节都给出了详细的建议和练习，让你学会处理瞬间爆发的情绪，克服这些情绪对你造成的持续性影响。当你能够控制并处理好自己的消极情绪（有时甚至是非常强烈的情绪）时，你就能够更好地把握和父母及其他人的关系，并且不会再受到这些困难情绪产生的长期影响。

宽恕自己。学会在犯错时原谅自己，而非一味地自责。父母曾经传递给你的信息只会加剧你的内疚感，让你产生负面想法。本书中的讨论和练习可以指导你学会原谅自己，打消那些消极的想法和感觉，学会鼓励自己、奖励自己。但是这并不意味着允许你恶习不改，而是让你不再深陷自责，导致自尊心受挫。

以上这些因素塑造了健康的真实自我，对于成长、发展和心理疗愈至关重要。此外，我们要在这些因素中找到一个平衡点，从而更好地处理与自恋型父母相处时产生的情绪。

本章练习

拼贴自己的形象

材料：五张空白卡片，剪刀，蜡笔或记号笔，胶水或双面胶，有图像的杂志。

找一个合适的地方进行这个活动。根据以下几个角度，运用上述材料拼贴一个形象：认知自我、情感自我、关系自我、创造性自我和鼓舞性自我。

写作

写出你理想中的自己，即你想成为什么样的人。同时思考你理想中的认知自我、情感自我、关系自我、创造性自我和鼓舞性自我等。

视觉化展现

设想自己的理想形象在处理重要的人际关系以及与父母的互动时会是什么样子的，注意相关细节，包括你的外表、言行举止和内心真实的想法。

第三章

受伤成年子女的典型态度和行为

莫妮卡已婚，育有两个孩子，工作非常辛苦。当莫妮卡的母亲邀请她一同去度假时，莫妮卡拒绝了。母亲对此耿耿于怀，觉得女儿太没良心。莫妮卡试图向母亲解释，她不能丢下一切陪母亲度假。但是母亲理解不了，为什么女儿不能把母亲的心愿放在第一位。这样的场景每天都会上演。当莫妮卡不得不拒绝母亲的要求时，她努力克服心里的愧疚感，却屡屡失败。母亲总跟她打感情牌，絮叨自己为她牺牲了多少，以激起她内心的愧疚感。莫妮卡成家后，一直在寻求家庭和工作之间的平衡点，这让她焦头烂额。

　　童年时期父母对孩子造成的伤害会一直持续到他们成年后，这些伤害会间接地影响他们成年后的思维方式和言行举止。这些伤害在孩子还没有语言表达能力之前就已经埋藏在其记忆深处，难以名状。这就好比计算机不断更新换代，新版本的计算机无法兼容旧版本的程序，因此也无法读取旧版本系统中所储存的文件。

本章的重点在于帮你认识和理解童年创伤所导致的一些毫无意义的想法和感受。我们着重关注那些会持续影响你成年后生活的想法和感受，进一步探索这些想法和感受是如何妨碍你塑造完善的个人人格，又是如何阻止你变得更强大的。

自我探索的益处

自我探索可能会让你感到些许难受。回忆小时候受到的伤害和当时的感受会让你产生很大的困扰，你可以利用第二章介绍的视觉化展现练习来缓解。如果你对此感到不舒服，请暂停阅读，休息一段时间后再重新开始探索。如果你能坚持下去，你的成长、发展、人际交往和生活满足感都将从中受益。

完善基本内在的好处有：

- 增强自信心和自尊心；
- 发展并维系更有意义、令人满意且持久的人际关系；
- 防止自恋型父母对你造成进一步伤害；
- 整体上减少痛苦和负面情绪，尤其是和父母接触时产生的负面情绪；
- 更关注自己，增强自控力；
- 改变自己无意识或下意识的错误认知，尽量免受父母或他人的再次伤害。

我们还将帮助你分析如何应对创伤所带来的强烈负面情绪。你或许会认为重点应该放在你所遭受的不公平上，但实际上，那些创伤都已经是过去式，我们无法改变过去那些伤口对你的影响。你真正要做的应该是专注当下，以更积极的态度疗愈自己，实现更令人满意的自我感知。这个方法能够让你掌控自己的情绪，更有效地理解过去的情绪，并学会如何承担责任。

克服童年创伤

本节将给出一些潜在的基本设想，这些设想可能会无意识地对你当下的思考方向和言行举止产生负面影响。本节还将介绍如何建立更强大、更有凝聚力的内心，教你如何改变无益的态度和行为，以及如何摆脱深层次的伤害。

基本设想

过去的经历和遭遇可能会导致：

- 内心深受折磨，尤其是自恋型父母对你造成的伤害；
- 过去的经历和人际交往会持续影响你的自我认知；
- 很多负面、强烈的情绪让你无法释怀；
- 无论其他人多么善意地想帮助你，都无法改变你的负面情绪；
- 别人的道歉无法缓解你的负面情绪；

- 随着时间推移，你依然无法改变对所受的伤害或伤害你的人的看法；
- 你很想缓解负面情绪。

所以，这个方法的关键在于你自己，重点在于你如何让自己内心更强大、不那么脆弱、免受自恋型父母的再次伤害，对别人轻蔑的言语和行为不那么敏感，也不再容易被孤立或排挤。这个方法还要求你反思自己是否像父母一样，无意识地采取了破坏性自恋模式的行为和态度。

建立强大且完整的内心

建立强大且完整的内心可以缓解自恋型父母带来的部分痛苦。虽然拥有一个强大而完整的内心不能让你完全免受伤害，但可以减少伤害的发生，缓解负面情绪带来的冲击力，帮助你摆脱负面情绪。光是这一点就足以改善你的身心健康和人际交往状况。

建立强大且完整的内心可以帮助你：

- 不会因他人的言行举止而产生羞愧、内疚等负面情绪；
- 更准确地判断外来威胁对自己造成的伤害，从而降低愤怒或恐惧的频率；
- 能够察觉并拒绝别人把你不愿做的事强加给你；
- 对一些人际交往中的小摩擦处之泰然；

- 接受自己的不完美，扬长避短，积极向上；

- 对自己很满意，和他人相处时能够感到快乐，建立并维系有意义的人际关系；

- 真诚相待，对他人保持恰如其分的同理心。

想要摆脱童年的伤害，一是要清理、愈合伤口，二是要使内心更强大，从而抵御自恋创伤。这样一来，你就能更好地保护自己，使自己的内心更强大，不轻易受到别人的攻击或控制，进而增强你的自控力。

改变毫无意义的行为和态度

大多数人都有一些无意义的行为和态度，阻碍了自己的身心健康发展。这些油然而生的感觉和想法侵蚀着个人的自信心和自尊心，影响了自我效能感。阅读以下内容，思考你是否同样有这些感觉，同时想一想这些感觉在何种程度上影响了你对自己的判断以及与他人互动的方式。

- 对其他人的评价非常敏感；

- 当家里或工作上的一些事进行得不顺利时，你会觉得别人在怪你；

- 你努力地想要达到他人的期望，但是当你失败或无法满足他们的需求时，你会对自己感到非常失望；

- 在你眼里，别人只要不是称赞你，就是对你有意见；

- 你很难摆脱或无视烦心事；

- 你习惯于捕捉别人的情绪，尤其是他们的消极情绪，例如愤怒、厌恶和悲伤；

- 为自己的缺陷和不完美感到羞愧，对自己的不足之处了如指掌；

- 你相信如果其他人能像你一样努力改善自己的缺陷和不完美，那将对你非常有益；

- 你对人际关系的质量仍有疑虑；

- 尽管你努力地善待他人、关心他人、同情他人，但依然会被他人的情绪左右，这让你感觉非常不舒服。

接下来，我们一起来探究这些阻碍个人内在发展的关键行为和态度，这一重点将会贯穿整本书。

总觉得自己被针对

是否有人说过你太过脆弱或过于敏感？是否有人告诉过你，你把他人的评论当成是针对你的，而事实上这并非他人的本意？你是否觉得别人的很多话是在指责或批评你？你是否经常有这些感觉？如果你的回答大多是"是"，那么你确实容易认为别人在针对你。

当你陷入这种纠结时，你会觉得是自己做得不够好而受到批评指责。尤其是当至亲之人对你颇有微词、当你遭遇不公，或者当你无法控制事态的发展时，你会备感痛苦。假如有人安慰你别往心里去，你只会更加难过。

产生负罪感

当一些事情没有按照别人的意愿发展时，他们的无心之言总会让你觉得自己被针对了，可能会让你产生负罪感的原因如下：

- 别人公开指责是你的错；
- 你已经内化了童年时期父母传递给你的训诫，并且持续受其影响；
- 父母让你为他们的身心健康负责，你应对突发状况的反应和与父母接触时的反应如出一辙；
- 你总是当替罪羊；
- 别人可以乱发脾气，而你对他们的情绪全盘接受；
- 你对自己抱有不切实际的幻想。

有些时候，即使没有这些暗示，你也会产生负罪感。你承担了错误，内心非常压抑。其实你并不需要为这些错误负全责，但你却把所有的责任都归咎于自己。

你应该学会对自己的行为负责。但是，假如你对自己抱有不切实际的幻想，无法准确预判自己的能力、影响力、控制力，你就会时不时地产生负罪感。

还有一些时候，你会因别人错怪你而感到愤愤不平，但依然选择承认错误。其他人不愿背负骂名，所以想方设法地推卸责任，而你却无法置身事外，所以最后责任都由你承担，你会像小时候被父母或兄弟姐妹冤枉那样难过，这还会激起你的其他情绪，比如羞愧、内疚和恐惧。

令他人和自己失望

如果你对自己感到失望，或者认为自己经常让别人失望，那可能是因为你对自己抱有不切实际的期望。你不可能实现所有的目标，无法做到有求必应，尤其是无法时时刻刻顾及那些完全可以自力更生的人。而你对自己的期望值过高，是因为你的自恋型父母总是向你灌输要如何关心父母的思想，比如：

- 你应该讨好所有人，就像你努力取悦父母一样；
- 你不应该让别人失望；
- 别人的所想所求比你自己更重要；
- 你会因没有进步而对自己非常失望；
- 你总是假想别人对你很失望，并会因没有满足他们的需求而感到自责；
- 当别人表现出不满或失望时，你认为他们对你抱有很高的期望值，而你未能予以满足。

假如你认为你没有达到自己的道德标准或价值观要求，不要急着对自己失望——这一点非常重要。更重要的是，你需要保证不再犯同样的错误，尝试理解自己的行为，将失望转化为改变的动力，而不是一味地贬低自己，掩盖、否认自己所犯的错误或为这些错误找到合理的理由。你的主要任务是达到自己设定的标准，他人的肯定只是锦上添花，你并没有义务取悦他人，无须时时刻刻顾及他人的心情。同样，别人也没有义务为你的情绪负责。即使你的言行举止可能会让他人略感失望，这也与你无关。重要的是，你要按自己的价值观行事，不要让自己失望。

期望得到称赞

你是否需要得到正面评价和赞美之词，才能确认自己满足了别人的期望，得到了别人的认可？如果没得到称赞，你是否会感到受伤？一旦没有受到表扬，你是否会觉得自己不够好？自己的能力和付出得到认可让你感到很满足，但是时刻希望得到认可则说明你缺乏安全感，尤其当别人指出你的缺点或不完美之处时，你会认为这是一种变相批评。这种缺失状态（没有得到正面评价）激发了你的消极情绪（自认为有缺陷、不完美），你会时常因此受伤，对有这种意识感到非常痛苦，同时也希望这种情绪不被其他人察觉，而且需要得到夸奖和称赞来弥补。因此，没有得到表扬使你更加受伤。

你专注于寻求外界的认同和接纳，却忽略了自洽。你试图隐藏、掩饰、否认、抑制自己的不完美，不断为自己的缺点找借口，这些需要耗费很多精力，而你本可以把这些时间花在提升自己、接受自己，或者改变那些真正需要改变的行为和态度上。

无法忽视轻微的刺激和小麻烦

你无法忽视一些轻微的刺激和小麻烦可能会给你带来的痛苦，这些轻微的刺激和小麻烦让你无法摆脱负面情绪。如果你能够察觉到自己的负面情绪（例如感到恼怒），你就可以及时反思自己的情绪，从而判断这种情绪是否会对你构成威胁，并意识到其实你不必如此烦恼。如果你不努力摆脱负面情绪，就会变得越来越愤怒。

你无法忽视一些琐事所带来的烦恼，这是因为你总觉得别人的话是在针对你。一旦你觉得自己被威胁了，就会感到烦躁。其实，大多数情况下，这些轻微的刺激和烦心事并不会构成威胁，你完全可以无视它们，一味地纠结于此反而会影响自己的心理健康、幸福感和人际交往。

试试以下练习，学会忽视那些轻微的刺激和烦心事：保持情绪稳定，回想最近发生的一件烦心事，最好是一件无关紧要的小事，但现在回想起来，仍让你感到不舒服；回想这件事情的前因后果，尝试用一小段话来描述令你恼火的行为。如果你无法用语言描述或没有留意到其中的一些感触，比如当时的某种态度，那就尽量用多个词语表达出来；然后列出你对这些行为或态度的想法，不要在乎别人的所做所想是否合理、是否正确，要遵循自己的内心。你也可以从以下内容中进行选择：

- 我很傻；

- 我很丢脸；

- 我还不够好；

- 没有人爱我；

- 没有人重视我；

- 没有人管我；

- 我无能为力；

- 我很无助；

- 我很绝望；

- 我得不到别人的赏识；

- 我毫无价值；

- 我会被伤害、被抛弃、被诋毁。

给你所写的内容打个分，从 0 到 10 分，判断你对自己的评价是否准确，0 分表示完全不准确，10 分表示完全准确。比如，如果你认为"我很傻"是别人对你的评价，请你自己评估一下，你是否真的觉得自己"很傻"，到底有多"傻"？

假如你打的分数很低，这说明你对自己的评价和别人对你的看法其实大不相同。那么你就应该反省一下：为什么会因为这些不真实的评价而生气？假如当时萌生出的那些想法，在现在看来确实是错的，那么你就可以直接无视它们。那些想法根本无关紧要，并且不在我们讨论的范围之内。

如果你仍然纠结于这些低分评价，那么你可能还需要进一步探究别人的这些言行举止是否真的在针对你。因为你对自己也抱有同样的看法，而且因此感到烦恼。5 分及以上的评价才是你应该关注、努力改变的重点，但是你仍不必为此烦恼。

陷入他人的情绪

当你面对他人悲伤、绝望或其他心烦意乱的情绪时，你是否同样变得痛苦或沮丧？如果你身边的人不友善或正在生气，你是否也会变得紧张，会挖苦别人，或者粗暴地回应别人？当你与情绪紧绷的人交往时，你是否想远离他们？但是即使不再接触他们，你是否依然会感到焦虑？如果你的答案是肯定的，那说明你很容易被别人的情绪感染。

你可能会因为感受到别人的痛苦、愤恨、恐惧等而痛苦不已。你很擅长捕捉这些情绪，陷入其中，对此产生共鸣，并且反复受伤。你会被这些情绪感染，甚至会以为这些情绪是你自身产生的。你很难区分自己的情绪和别人的情绪，并且深陷其中，无法自拔。

建立自我心理边界可以避免你陷入他人的情绪，你可以同情他们，但不要陷入其中；你还可以帮助他们，让他们与自己的情绪和平共处，但不要受到以下几点伤害：

- 总是陷入他人的情绪中无法自拔，并且表现出来；
- 陷入不愉快的情绪中，无法释怀；
- 觉得自己需要对别人的情绪负责；

- 努力让别人消除烦恼，这样你才能感觉好点；
- 感到心烦意乱。虽然有时你会自欺欺人，但是如果你发现自己时常感到沮丧，那说明你很容易陷入他人的情绪之中，并且希望改掉这个毛病。

建立坚固、有弹性的心理边界是一个长久的过程，你可能需要寻求心理治疗师专业技能和知识的帮助。

感觉自己有缺陷、不完美

每个人都有自己的缺陷和不完美之处，但是拥有自恋型父母的孩子会因此产生罪恶感、羞愧感和痛苦。自以为的缺陷和不完美并不一定真实存在。比如，一个人觉得自己做任何事都应该尽善尽美，所以当他／她犯了一些不可避免的错误或者没有达到自己的工作标准时，就会非常自责，否定自己。即使他／她内心的理性不断说服自己"十全十美只是理想状态，犯错误并不丢脸"，但是这种自责的情绪依然纠缠着他／她。在这种情况下，人的感性层面和理性层面往往处于脱节的状态。

不断反思自己的缺陷会引起强烈的情绪反应，直击内心深处。毕竟，内在才是最本质的自己，接受不完美的自己是一个漫长的过程，有些人自始至终也没能真正迈出那一步。他们可能嘴上说着接受了自己，内心依然无法接受自己的缺陷，不断否认、压抑、隐藏自己真实的一面。或者，你没有隐藏真实的自己，你意识到了自己的缺点，因此而感到痛苦。经常有个声音在耳边回响："你有缺陷，你不完美。"但你似乎也无能为力，无法克服这些情绪。这一点也让你备感痛苦。

如果这些描述十分符合你的心理状态，那么说明你可能很难原谅别人所犯的错误，而且更难原谅自己所犯的错误。你总是严于律己、严以待人，总是无法理解为什么别人不努力改正自己的缺点和不完美。你做不到坦然地接受不完美的自己，因此也不明白为什么别人总是乐于接受自己的美中不足。

让自己变得更加强大，最重要的是学会接纳自己。这并不意味着你要放弃努力成为一个更好的人，而是转变对自己的态度，以不同的方式看待自己。在意识到自己缺点的同时，把注意力集中在自己的强项和优势上。在后面的章节，你将学到一些方法和策略，帮助你学会接纳自己。

要求别人和你一样

尽管你很清楚自己的缺点，但你对自己的一些行为举止仍感到自豪。你还希望别人能向你学习，因为这样代表你没有缺点，他人的认可可以让你充满安全感和自信心。

你可能暗自觉得自己的方法才是正确的，如果别人可以向你学习，按你的方式行事、思考、感受，那么世界将会变得更美好。或许真的是这样：你的很多行为态度确实值得表扬，在很多方面都是榜样，你知道他人的不足之处，可以帮助别人减少麻烦。你有很多优点，应该为此感到自豪。

但是，这种想法也会让你受到伤害。别人可能并不想学习你的行为态度，他们会公开拒绝你让他们做出改变的尝试，并且不认为你的那些优点值得他们学习。你可能会因此感到受伤，觉得别人是在贬低你、拒绝你，而没有意识到这只是他们的个人选择。被拒绝是很痛苦的，而且你不明白为什么他们不想变得跟你一样。你可能会因被拒绝而感到丢脸，甚至会感到愤怒，因为他们拒绝承认你的优点，否定你的为人，不愿向你学习。你的反应影响了你对他人的看法以及你们之间的关系。

你需要做的是——意识到你不能改变别人。这个世界上有很多种值得称赞的态度和行为方式，别人可以找到最适合自己的。与你不同并不意味着别人就是错的、不好的、笨拙的或可耻的。假如你能够接受和欣赏他人，即使你们的行为处事大不相同，你也会感到舒服。对你来说，这可能是一个重大转变，但是你可以因此减少甚至消除自己的痛苦，同时还能拥有一个值得他人仰慕的品质。

交际困难：维系有意义、感到满足的人际关系

所有的人际交往都会存在一些困难，你会质疑你们对彼此的承诺，或这段关系的目的、意义或满意度，你会因为一些变故或生活琐事质疑你们的关系。而另一个让你产生怀疑的原因是你的不满情绪，你可能会对自己不满、对对方不满、对工作不满，或者对生活环境不满，你可能会因为各种各样的原因怀疑你们的关系。但是，最重要的是，你能否意识到自己对这段关系的满意程度以及这段关系的意义何在。

你为何会持续受伤

如果你已经阅读并尝试了本章提出的建议，那么你应该对如何治愈内心创伤有所了解。诚然，别人为人处世或许卑鄙无耻，但是只要你不在意这些，这些事就不会伤害到你。那些你介意的言语和行为，不要让它们侵袭你的大脑，无意识地侵犯你以及你的人际关系。你可以记住这些事，但不能让它们在你的内心横行霸道，引发你的悲伤情绪，让你受伤。你要理解你为什么会受到伤害，要学会建立更强大的内心，更好地抵御这些攻击，摆脱负面的情绪。

正如我们之前讨论的，自恋性创伤的深度和程度与第一次对你造成伤害的童年经历有关。你可能无法用语言来描述这些事，甚至可能完全不记得了。我们无须关注那些前因后果，因为即使你能想起那些痛苦的回忆，也无法改变它已发生的事实。你能做的就是大致了解发生了什么，并意识到这些经历并不会对你造成持续性的负面影响。这里用到的方法就是帮助你了解初次受伤的缘由，并且给出相关建议，帮助你理解当前的行为态度会如何导致自己二次受伤，帮你消除烦恼。到目前为止，你参照本书所做的尝试都只是"漫漫长征第一步"，我们将继续锻炼你的内心，帮助你更好地理解并处理这些旧伤，防止它们对你造成进一步伤害。

为什么你的父母在别人眼里是成功人士

有很多原因导致自恋型父母在生活中的一些方面（例如在工作中或在人际交往中）被认为是成功人士。你一定很好奇：为什么父母在你眼里和在其他人眼里并不一样？别人对你父母的回应也和你对自己父母的回应大不相同？接下来我们将介绍并讨论三个主要原因：角度、目标以及态度。

角度

自恋型父母可能会在不同的情况下向不同的人展示不一样的自己。此外，其他人也会通过自己独特的视角来感知他人，并做出回应。自恋型父母会根据他人的身份、地位以及双方关系来变换自己的面具，别人也不会意识到这类父母会对不同的人（包括自己的孩子）展现出不同的面目。

你有时会感到奇怪，即使你手舞足蹈地向他人描述你父母的言行举止对你产生的负面影响，其他人却不能理解，无法做出和你一样的回应，也关注不到你父母的膨胀心理、夸张行为、妄自尊大等。即使有人注意到了这些特点，他们也不会像你一样频繁地关注它们，更没有像你一样长期遭受负面影响。其他人可以体谅你父母的这些缺点，甚至会直接无视这些问题。自恋型父母的所做、所言并不会影响他们的生活，他们可以随时拂袖而去，你却逃脱不了父母的"魔掌"。

目标

自恋的人非常关注他们的个人需求、欲望和愿望，专注于自己的目标可以帮助他们更好地利用自己的时间和精力，高效完成任务或实现成就。很多自恋型人格的人正是利用了这一点，在追求自己的目标时往往会忽略他人。但是，专注于自己的目标也可以助他们成功，因为他们不会让任何事情或任何人阻碍自己实现目标。

态度

你可能已经注意到了自己的行为态度对他人的影响。但是，自恋型父母始终不会有这种意识。也就是说，他们不在乎别人的想法或感受，他们的精力只集中在为自己解忧、牟利上。

自恋型父母永远意识不到，也不会在乎自己的行为和态度是否会对他人造成影响。但是有时他们会觉得，对他人展现出理解和关心可以将自己的利益最大化。例如，当自恋的人试图获取他们想要的东西时，其他人可以成为他们的棋子，他们会变得非常"热心"，非常擅长"体察"他人的情绪，乐于猜测他人会做出什么样的反应。他们爱搬弄是非、挑拨离间，尤其善于发表歪曲事实的言论，惯用各种手段操控别人。他们自认为有权以任何方式为自己牟利，丝毫不在乎自己对他人的影响。

本章练习

写作：关注自己的优点

材料：一张 3cm×5cm 的索引卡片、笔、适合写作的环境。

静坐并思考你的个人优势。列出你身上至少 10 个优点（比如做事有条理、有计划、幽默、善于烹饪等你认为对自己有帮助的特点），保存好卡片，每周翻阅一次。

视觉化展现：拥抱自己

找一个安静的地方，静下心来，闭上眼睛（如果感到不适，则无须闭眼），回想让自己受到伤害的事（不一定非是十分严重的事件），然后在脑海中塑造一个虚拟的自己，尝试去抱一抱曾经的自己，安抚当初那颗受伤的心，减轻内心的伤害。

绘画 / 拼贴

材料：一张纸，一套蜡笔或彩色铅笔，或准备剪刀、胶水、杂志。

查阅本章中"毫无意义的行为和态度"列表，选择要更改的态度和行为。拼贴或画一张图，描绘自己的无意义态度或行为以及你将如何做出改变。

第四章

与自恋型父母互动的常见困境
以及应对方法

西尔维亚携丈夫和孩子回娘家拜年。母亲一开门就吐槽女儿的穿搭太过俗气，发型乱七八糟。而后母亲才发觉这是新年，并祝女婿和外孙们新年快乐。西尔维亚站在一旁不知所措，不知道该如何回应母亲，她感到十分愤怒又万分沮丧。

为什么会出现困境

与自恋型父母产生交流困难，会触发你的负面情绪，比如愤怒、内疚和羞愧。你努力保护自己的内在本质，尝试用种种合适的方式回应他们，却丝毫不奏效。自恋型父母会当着外人的面偏袒别人，指责或轻视你，对你的缺点评头论足。无论是在家庭聚会上还是在公共场合，只要你在自恋型父母身边，他们就不会放过你。作为子女，或许你试图让他们改变这种行为，却徒劳无功。

你屡败屡战，但这种父母不想也不愿因为你想让他们改变而改变。反而，他们认为你才需要做出改变，而且乐于不断指出你的缺点，这种持续性的"鞭策"加剧了他们对你的影响。但假如你能够接受父母不会改变的事实，假如你能够建立强大的内心，以减少对父母的无意识依赖，假如你能够更关注自己的内心、更加脚踏实地、更加坚强、更有韧性，你就能心如止水，事半功倍。

无论这些情绪是自发产生的还是受外界影响产生的，你都可以管理自己的情绪，也可以控制情绪的强烈程度，可以选择是用语言宣泄出来，还是用行动传递出来。你对情绪的控制能力远远超出自己的想象，且有能力在与自恋型父母相处的困境中游走自如。本章将首先介绍情绪，帮助你理解各种情绪产生的原因，告诉你如何控制这些情绪，尤其是与自恋型父母接触时产生的负面情绪；本章后半部分将会介绍在困境中处理情绪的具体策略，从而帮助你理解这些情绪是掌握解决策略的基础。

为什么会产生情绪

情绪是一系列感觉的集合，你的思维能够自发判断出某种感觉能否给你带来幸福感，再对这些感觉进行解读、分类。这种感觉可能是由外界事物、内心活动、他人影响、特定情境等引起的，对感觉的解读是决定情绪的关键因素，但解读的过程大部分是无意识的，你对此也只是模棱两可。

通过分析和解读感觉，以及感知内心的幸福感，你可以为不同的情绪贴上不同的标签。假如你认为自己受到了威胁，你会产生愤怒的情绪，而不仅仅是非常生气。和自恋型父母接触会让你回想起童年的阴霾，感到孤立无援、惶恐不安或无能为力。虽然你已成年，也有能力应付形形色色的人，但依然无法自如地应对父母，哪怕是在电话里头也不能坦然地回应他们，甚至会像小时候一样手足无措。而现在，在面对别人时，你可能会把他们假想成你的父母，你应付别人的方式和应对自己父母的方式如出一辙，假如他们的一些行为举止非常像你的父母，你甚至会对他们做出和对父母相同的反应，而你的人际关系也会因此变得越来越糟糕。这是一种移情反应：你把和父母的相处方式复刻到了和他人的人际交往中，对他人做出的回应和对父母做出的回应一模一样，却丝毫不考虑实际情况。

下一节将介绍如何在人际交往中管理自己的负面情绪。长期的情绪管理方案将在后面的章节中介绍。假如你在阅读时开始产生不愉快或恐惧的情绪，请重复第二章的练习：闭上眼睛，想象出一个愉快而平静的场景。这个练习也同样适用于克服和自恋型父母接触时产生的烦躁情绪，尽可能增加练习的频率，反复检索可以让你平静下来的场景，这将对你非常有帮助，让你可以更快速地进入状态，平复心情。

控制并管理当下的负面情绪

接下来的练习可以帮助你有效地控制并管理当下的负面情绪。首先你要思考与自恋型父母的相处方式，并注意自己在交际中的感受变化。然后，你可以尝试以下步骤。记住这个过程后，你可以在和父母以外的人相处时试验一下。

1. 承认你所体验到的情绪是自发产生的，而不是别人传染给你的。
2. 识别出这种感觉并为它取个名字，例如愤怒、沮丧、恐惧、内疚或羞愧。
3. 确定与这种感觉相关的想法，比如"我胜任不了""我不够格""我做不到""我很丢脸"等。
4. 评判自我的心理暗示是否合理。你要知道，虽然你并不是十全十美的，但这并不意味着你不够好，所以那些负面的心理暗示是毫无根据的。
5. 用更积极、更合理的心理暗示代替负面、消极的想法，比如"大多数时候我还不错"，留意你积极说服自己时的感受。
6. 如果有必要，建立情绪屏障，阻止潜在的负面情绪侵袭而来。

这个练习非常简单，可以轻松、快速地上手。如果你对整个流程非常熟悉，你甚至可以不假思索地直接开始。到时候你就会发现，这个练习对应付自恋型父母以及其他可能让你产生负面情绪的人非常有帮助。

困境与建议

你和自恋型父母接触时可能会遇到很多困难，每一种情况都是独特的，因为每个人的经历都不相同，逐个分析每一种困境是不现实的。因此为了便于讨论，我们将困境分为以下几类：攻击、冲突、侵入性行为和特殊情况。

攻击

自恋型父母攻击你的方式有很多，包括批评、责备、贬低。这些攻击会伤害你，因为它体现了说话者如何毫不掩饰地对你恶语相向，比如：

- "为什么你就不能（做对、做好、做得更漂亮、打扮得更美、打理得更整洁……）？"
- "你从来没有（或者你总是）……"
- "你做得还不够好（或者你知道得还不够多）！"
- "你的（姐妹、兄弟、表亲、朋友）都能做（某事），你为什么不能向他们学习呢？"

对自己内心的攻击，再加上其他人传染给你的情绪，会影响你的思考和回应方式，并且让你的努力功亏一篑。下一节将会讲到冲突，其中有几条建议可供你在受到攻击时使用。这些建议是为了教你如何选择回应方式，守住文明的底线，保持彬彬有礼的个人修养，而绝非让你陷入父母带来的负面影响之中。

冲突

小到微不足道的分歧，大到旷日持久的斗争，都可以被称为冲突。关于冲突，最重要的是它们给你带来了怎样的感觉。一般而言，和自恋型父母起冲突，你会感到心烦意乱、无能为力、自惭形秽。想一想，这些年你和父母经历了多少冲突，哪怕是微不足道的分歧，你有获胜过吗？你的回答多半是没有或很少。你可能也曾想尽一切办法去避免这些冲突，希望父母能够站在你的角度看问题或者能够意识到自己的负面想法会给你造成多大影响，并且从此不再伤害你。然而，你的努力从未达到预期的效果，但是你仍然不遗余力地为自己辩护。

建议 1：避免冲突。避免与自恋型父母发生冲突。当你想挑战父母或不得不接受父母的挑战时，首先要思考一下你有多想"赢"。输赢固然重要，但是在当时的情况下，"赢"又有多重要呢？

如果你决定避免冲突或挑战，你可以使用以下几种方法：模糊焦点、分散注意力、忽略事实错误、接受不同的观点。

一边微笑一边模糊焦点。"模糊"的意思是淡化你们之间的讨论。你可以转移话题，将他们的注意力引到无关紧要的事上，或者在讨论时插几句奇闻逸事。

分散注意力。比如你可以说你要去一下卫生间，要和保姆商量点事，突然想起来还有事要做，或者有东西落在车里或家里了（可以提前在车里或家里留下一些重要的或不重要的东西）。任何可以分散注意力的事都行。

忽略父母的事实性错误。不要试图让他们改正错误，你的父母不太可能会承认所有错误，你指出他们的错误或试图纠正他们的错误也不太可能被他们友善地接受，反而会激怒他们。

允许父母有自己的观点。你可以在心里不在意父母的想法，但是不要在明面上表现出来，否则会激怒父母。不要试图和父母斗争，因为你赢不了，和他们纠缠只会让事情变得更糟。

建议 2：不要把别人牵扯进冲突之中。建议单打独斗，不要为了获得支持、获取同意而拉拢"盟友"，把其他人牵扯进来。你的拉拢不仅会让他们感觉不舒服，也得不到你想要的支持。如果有需要，请向朋友或心理咨询师寻求帮助，他们会支持你的立场。此外，给自己留一些时间和空间，为自己提供一个自我反省的机会，降低情绪强度，并充分肯定自己的价值。如果你觉得自己需要得到支持，比如你确信自己是对的，父母错了，那就找一位可以帮你保守秘密的重要朋友或心理咨询师一起探讨，寻求帮助。

建议 3：管理好自己的情绪。隐藏自己的情绪，不要在此时流露出来。利用情绪屏障防止情绪外露，因为此时流露情绪不会有任何帮助，反而还会对你有害。你的父母从来没有被你的情绪打动过，他们可能还会反过来指责你，好像一切都是你的错，而你会因此感到更难过。父母一点儿也没变，你觉得你的情绪会打动他，其实毫无作用。

本书里也会讲到其他策略，帮助你更有效地应对和父母的冲突。请结合自己的性格和不同需求，选择自己最能接受且最有效的策略。

无理要求和冒犯性问题

即使你是一个成年人，有自己的生活和责任，你的自恋型父母仍然希望你可以随时待命。你的父母可能会对你提出无理要求，让你做一些完全没必要的、他们自己也能做的事。他们还会让你对他们的身心健康负责，让你做他们想让你做的事，成为他们想让你成为的人，按照他们的期望和想法行事，并且要求你毫无异议地承认他们的权威地位。他们认为你个人的事情，无论是工作还是陪伴家人，远远次要于他们的愿望。尽管你可能一直试着满足父母的期望和要求，但是永远也不可能使他们足够满意，你的"努力"还会对自己生活的其他方面造成不利影响。

冒犯性问题表示父母不懂得尊重你的心理界限。如果你没有为他们提供他们想要的答案，你可能就得罪他们了。冒犯性问题指打探私密、敏感的问题，而你并不想让别人知道这些信息。当面对这样的问题时，你可能需要时间去考虑自己的需求和愿望。而在人际交往中，你并没有那么多时间用来考虑，且需要立刻做出回应。有人会利用这些问题来让你产生抵触情绪，让你滋生出自卑感。这种问题最令人恼火的一点，就是不仅会使你自发地产生压力，还会让你同时感受到来自外界的压力，在他人的逼迫下，特别是当父母询问你时，你很难忽视或回避这些问题。

父母的无理要求和冒犯性问题表示他们不愿意或者不能接受你是一个独立个体。当他们对你提出这些要求时，他们并没有意识到你已经是一个成年人了，你们之间应该以成年人的方式相处。恰恰相反，他们依然沉浸在可以利用你、剥削你的特权感之中。而你还是像小时候一样，仍觉得自己必须要服从父母的命令，回答他们的问题，你们的亲子关系之间并没有一条合理的界限。你经常觉得自己让父母失望、不是个"乖孩子"、做事粗鲁、待人无礼，这种感觉一直难以克服。本书的一些建议可能会对你有所帮助，假如你还有一些棘手的问题，请咨询专业人士，让心理治疗师帮助你建立、完善内心，从而实现与父母彻底的分离和真正的独立。

节假日和其他庆祝场合

你是否对全家一起去度假或其他与自恋型父母一起参与的庆祝场合抱有美好的幻想？你是否每次都希望这些事情能够满足自己的幻想，让你日后回想起来，能有一个温暖而美好的回忆，但你的每次幻想都没能如愿以偿？你的父母是否每次都会破坏节日气氛？

尽管你一直希望自己能幻想成真，但它从来没有实现过，你却仍然渴望有一个好结果，能够继续和自恋型父母一起庆祝节日或参加其他庆祝活动。本书中的一些策略可以帮助你更好地适应这些场合。但是，放弃父母会真正做出改变这种幻想才是最重要的。

面对年老体弱、生活不能自理的自恋型父母

当你的父母年老体弱、生活不能自理时，他们的自恋情绪会因为现实情况而变得更严重，比如疾病缠身、生活拮据。即使家庭关系再和睦，这些问题也足够让人头疼。这样的父母会百般抱怨、无理取闹，总是对子女横加指责，而且这类父母对成年子女缺乏同理心，如此恶性循环，他们居高临下的态度会持续加剧问题的严重性。

除了父母自恋的态度和行为，你的内疚、自卑、愤怒和憎恨，以及你尚未形成的自恋心理，也会使情况更加糟糕。这些情绪很难被主动捕捉到，因此也难以被有效地控制。当你和生活不能自理的自恋型父母周旋时，内外压力会随之而来，你的内心将深受打击。若遭遇上述情况，需记住以下几点：

- 你的父母确实遇到了困难，需要你的帮助；
- 父母再也不能独立生活，这对他们来说非常痛苦；

- 父母对未来产生了恐惧感，害怕自己没有足够的人力和财力去应对；
- 生活不能自理带来的窘迫和潜在的问题让他们非常沮丧，感到恐惧；
- 你的父母不会再改变了，他们自恋的程度只会有增无减；
- 子女和父母的角色需要调换，除非子女已经被迫承担了照顾父母的责任。

在这种情况下，你很难判断哪些是你的责任、哪些不是，也很难判断你需要付出多少。最令人痛苦的是，你不得不意识到自己的能力有限。你要消除脑海中那些夸张的想法（这属于未形成的自恋），不能让这些白日梦影响你内心的想法和态度。深信自己可以搞定一切，让问题不复存在或者完全满足自恋型父母的需求，简直是天方夜谭。

保护自己的孩子

与孩子保持界限

之所以要增加这一部分，是因为我收到了很多读者来信，信中都提及一个问题——他们想知道如何才能保护自己的孩子，避免孩子遭遇和自己相同的困境。他们害怕自恋的父母会将对自己的影响延伸至第三代。正如你的父母意识不到你的心理边界，总是利用你、操控你、毫无同理心……他们现在可能还会以同样的行为态度对待孙辈。

值得庆幸的是,除非三代人住在同一屋檐下,否则祖父母对孙辈的影响其实没那么大。住房距离、甚少的联系以及你的干预会大大减少祖父母对孙辈的负面影响。你的同理心可以支持、保护孩子。你可以和孩子共情,告诉孩子你理解他们的感觉,也会保护他们。当然,这并不意味着你会站在孩子这边和父母作对,你只是在肯定、支持自己的孩子。还有一些策略可以帮助你正确照看孩子,包括阻止对孩子或与孩子相关的不当言论、非必要不要求孩子道歉、对孩子表示肯定。

和父母说明白你希望他们怎样对待你的孩子。比如告诉父母,不管孩子犯了什么错误,都要先告诉自己,再决定怎么处理,祖父母不能惩罚孩子,并且要让你的孩子也知道这一点。

阻止父母对孩子说侮辱性、指责性、批评性的话,即使你可能会因此和父母发生冲突。你可以换个话题,让孩子去做别的事,打断父母,表扬孩子的其他行为,但是你不能要求父母完全不说这种话。

非必要不要求孩子道歉,不要为了缓和气氛逼孩子道歉,道歉的频率越低越好。教孩子适当的道歉方式,让他们既不会感到羞耻,又能认识到自己所犯的错误以及对父母产生的影响。如果你的父母感觉自己被你的孩子冒犯,你却未察觉到或者不明白孩子怎么惹他们生气了,你可以主动承担责任,向父母道歉。你要强调孩子是无心之过,并主动和父母说你对此感到很抱歉。

在父母面前经常表扬自己的孩子，以此展现出对孩子的肯定。虽然没有必要给予孩子太多赞扬，但当孩子做了一些善事或其他值得表扬的行为时，公开表扬是非常有益的。如果你需要让父母帮忙照看孩子，那就把对父母照顾孩子的要求降到最低。当你向父母提出请求时，请记得感谢父母。

在进行干预时，请对父母保持友好的态度，不要让父母的行为对你的孩子造成情感或心理上的伤害，而且请一定要支持自己的孩子。干预措施要具体，态度要坚定，不要让任何人怀疑你没站在孩子这边。如果父母开始将你的孩子与他人进行比较，请立即阻止。你可以告诉父母：所有人都有自己的优点和才能，每个人是独一无二的，攀比毫无意义。

具体策略

以下是一些通用的策略，适用于应付所有自恋型父母。首先我们需要消除三种内心状态，然后要注意四个需要避免的举动，最后是八条帮助你处理困境的有用建议。

三种内心状态

尝试减少或消除导致你情绪脆弱的内心状态将会对你非常有帮助，这些状态包括向往和渴望，渴望做出改变，以及情绪易感性。

这些状态来源于长期与自恋型父母相处的经历，意识到这一点也许可以帮助你减轻这种感觉。你一直希望父母有同情心、喜欢你、爱你，尽管一切都事与愿违，但你一直都渴望获得他们的共情与爱，所以你很容易受到父母的操纵、剥削和控制。如果你能放弃这些幻想，会对自己有很大的帮助。

如果你能接受事实，知道父母不可能成为你理想中的父母，他们不会改变，也不认为自己需要改变，你的痛苦就会大大减弱。因为现实是，你希望父母改变的愿望只是南柯一梦。但这并不意味着父母不爱你，他们只是不能按照你希望的方式那样爱你。所以，如果你的父母不能改变，那么你就改变自己。

需要避免的举动

接下来讲的是你需要尽力避免的举动。这些举动很具诱惑力，因为它们是很自然、很真实的反应，而且会给你带来短暂的满足感。这些举动包括"报复"、共情、当面对峙、坦露自己的心迹。这些行为对扭转现状、改善亲子关系，以及改变对自己的想法都无济于事，反而会适得其反，对你的成长和发展毫无积极作用。

"报复"。报复心理指的是你在受到伤害后，做一些事、说一些话让另一个人受伤。这种短期的满足感持续不了多久，这个行为会恶化你们的关系，而最终你什么也没有得到。最好的"报复"是提升自己，取得属于自己的成就，这才是更有意义、更能让你满意的"积极报复"，具体内容请见第六章。

共情。共情是指产生深刻共鸣的同时又能保持独立意识。父母可能不会与你共情，你能够强烈地感受到这种缺失，渴望父母能够体谅你，与你共情。这会让你觉得，父母必须要与你共情，因为你认为共情可以让父母做出改变。但是每当你与他们共情时，你主动敞开心扉，吸收并内化父母的负面情绪，结果却是你非常难过，深陷其中，难以自拔。如果你想要主动改善与父母的关系，可以试着向他们表示同情，说一些安慰的话，但不需要体验他们的情绪。

当面对峙。我必须要再三强调，千万不要和父母当面起冲突。即使你对应对建设性冲突颇有经验，也不要拿父母做试验。如果你曾和父母起过冲突，试着客观、现实地回想一下当时的情境，你就会意识到，当时的冲突不仅毫无意义，而且会让你沉浸在冲突带来的负面情绪中久久不能恢复，感觉更糟。父母非但不接受你的想法和感受，不体谅你，不觉得自己需要做出改变，反而还会因为你指出了他们的缺点而恼羞成怒。你不仅赢不了，也无法突破他们自恋的屏障。

坦露自己的心迹。你可能跟父母分享过或者想要分享自己的小秘密或私密想法，但是我不建议你这样做，因为父母很可能会利用这些信息反过来攻击你。结果就是父母会觉得是你做得不够好，转而训斥、批评你。你的想法和感受会受到贬低，而且父母不会替你保守秘密，他们会把你的私事"分享"给别人，让你因此受到更多人的批评。不过，对父母闭口不提敏感的想法和情绪，并不意味着完全切断父母与你的私人联系，以下方法或许会对你有所帮助：

- 只告诉父母你愿意与外界分享的信息；
- 不要把自己的问题和烦恼告诉父母，可以找一个值得信赖的人倾诉；
- 和父母聊天时，尽量不要提自己的问题或烦恼，尽量表现得积极向上。

八条有用建议

以下有八条建议，可以帮助你在与父母接触时管理和控制自己的情绪：完善内在、控制自己的情绪、减少和父母的接触、进行积极的自我肯定、充分利用非语言动作、主动选择自己的感受、打断内心的负面想法、积极地和自己对话。

完善内在。指的是发展自己的同理心、创造力、灵感和人际关系。完善自己的内在可以帮助你释放过去的愤恨；有足够坚固的心理边界来降低情绪易感性，更好地判断哪些情绪属于自己，不会被别人的情绪感染；更好地应对和自恋型父母接触时产生的负面情绪。

阻止和控制自己的情绪。可以让你在受到指责、批评、贬低时保持冷静，以更合适的方式回应父母。你还是会有负面情绪，但是不会那么心潮起伏，你能更容易地把这些负面情绪暂时搁置一边。你可以使用一些小技巧，让自己暂时摆脱负面情绪，比如控制自己说出的话，想法是认知层面的，而表达想法比控制情绪更容易些。你可以告诉自己：下次吧，下次再好好感受这种情绪。

减少和父母的接触。 尽量不要和父母单独待在一起，保证和父母的长时间（超过几分钟）接触主要集中在公共场合，比如餐厅、娱乐场所等。假如和父母接触的时间太长，或者要和亲密的家庭成员待在一起（比如节假日期间），或者不得不与父母独处，你的负面情绪就会被激发出来。你可以提议把家庭活动安排在公共场所，主动安排这些强制性的活动，例如生日聚会，可以邀请一些非家庭成员参加，以及合理限定自己参加活动的时间。

积极的自我肯定。 可以防止你陷入自恋型父母带给你的强烈的负面情绪。重要的是，当你在某种程度上十分相信父母对你的看法，并且对此深信不疑，你的情绪就会受到影响。自我肯定可以让你注意到自己的优点和积极的一面，这样你就不会总是琢磨自己的缺点，无论这些缺点是真实存在的还是你假想出来的。

充分利用非语言动作。 如果能做到下面几点，你就不会轻易地陷入自恋型父母的负面情绪中，也不太可能激起自己的负面情绪：

- 避免眼神接触，尤其是持续的眼神接触，身体转一个角度，离父母远一点儿；
- 如果一定要看着父母，注视他们的耳朵、下巴或者额头中部；

- 在你和父母之间放一些物品；

- 保持放松的姿势；

- 想一些愉快的事或走走神；

- 面部表情保持自然、和善（但是不要咧嘴或皱眉）。

这些行为可以很好地保护你不受他们影响。尽量避免使用会激起父母怒火的非言语行为，比如，不要表现得像一个血气方刚的青少年，总是闷闷不乐、喃喃自语。也不要激怒父母，因为这会让他们更加针对你，说出更难听的话。你只需要学会容忍。

主动选择自己的感受。这一点可能有点难做到。因为情绪通常油然而生，无法控制，但是你有能力决定自己是否要体验当下的感受，特别是当你知道了这种感受的根源从何而来，且已经解决了原生家庭带来的一些问题和儿时未了结的想法后，就可以更容易地运用这种能力。下面两个策略就是教你如何应对这种情况，但首先你要理解并接受这样一个事实：你可以选择自己的情绪，不必全盘接受父母传递给你的感受，也不要下意识地做出跟小时候一样的反应。

打断内心的负面想法。不要自责，不要跟自己怄气，也不要对自己抱有不切实际的想法，比如追求十全十美。你可以用积极的想法和感受取代那些负面情绪。当你能够躲避心中的负面想法，转而注入更多的积极情绪时，你就能更好地与自恋型父母相处，也不会那么容易就陷入情绪的泥潭，让自己产生持久且消极的想法。

有意识地打断某些想法，包括"应该做某事"或"务必做某事"，比如"我不应该让父母控制我"。这些想法都是毫无意义、毫无用处的，你需要用一个积极的想法来取代它。

积极地和自己对话。 提醒自己什么是现实，什么是幻想。这两者之间的界线有时候会很模糊，特别是当你产生强烈情绪的时候。如果你能够认清现实，不再一味地沉溺于幻想，会更容易控制负面情绪。试着回答下面的问题，体会一下幻想是如何干扰现实的：

- 父母真的可以理解你的痛苦，并且试着加以弥补吗？
- 父母会承认他们的错误吗？如果不会，你真的可以指出或者纠正他们的错误吗？
- 如果你过去没有感受到父母的同理心，为什么现在会如此期待呢？

所有的这些想法都表明了你多么渴望能够拥有通情达理、善解人意的父母。你的渴望让自己沉迷于幻想之中，备感痛苦，而且这会让你无法专注于自己的内心，无法专注于现实世界。这八条有用的建议可以保护你不再受伤。

总结

    本章我们了解了一些和自恋型父母相处的常见困境，这些困境会给你带来压力和不适。你可以在本章学到一些策略，帮助你减少甚至消除这些困境带来的负面影响。

本章练习

写作

材料：一张 5cm×8cm 的索引卡片、一张白纸、一支笔。

过程：找一个安静、不被打扰的地方，准备一张较硬的写字桌，也可以在纸下垫一本书。

（1）列出 10～12 件让你有成就感的事情，比如得到某份工作、克服某种疾病或身体恢复健康、培养了一个有责任心的孩子等。

（2）在每项成就旁边，列出与该成就相关的所有个性特征。例如，对于某份工作，你很有毅力、有恒心、有抱负、组织能力强。

（3）对照所写的内容，构建另一个包含 8～10 个个性特征（可以重复）的表格。这个列表为你产生积极的想法奠定了基础。

（4）在索引卡的顶部写上"我是……的人"，誊写第 3 步中的表格。这个表格就是让你产生积极想法的自我暗示。

（5）每周读一次这张卡片，直到你感受到强烈的负面情绪，比如与自恋型父母接触时，可以联想起这些内容。

绘画 / 拼贴

构建一幅体现你主要成就的拼贴画。

视觉化展现

想象你自己正在接受嘉奖，当时有谁在场？奖金有多少？是否有照片或视频记录下来？你当时干了什么？

第五章

识别并克服父母造成的
隐性毒副作用

布莱恩是一家大公司的工程师，这家公司在世界各地都设有分公司。布莱恩工作非常努力，对待每件事都非常认真。他兢兢业业，每天仅留几小时睡觉、吃饭。布莱恩至今单身，不参加社交活动，甚至连节假日也在加班。他攒了不少假期，但从未让自己休息过。他有时问自己，为什么要这么努力工作？他的心底就会有个声音告诉自己："要保证足够优秀！"

隐性毒副作用

即使你已忘记了父母对你造成的一些伤害，或者压抑自己，不愿再回想这些痛苦，但它们依然悄悄地对你产生了毒性作用，打击你的自信心、自我效能感和自我认知，对你的内心和人际交往产生了负面影响。因此，完善内在最重要的是解毒。

之前的章节已经讨论了原生家庭的伤害是如何产生的、伤口又会如何持续溃烂、你如何反复受伤、毒素如何在你体内累积的问题。现在，你应该已经了解了原生家庭和其他经历是如何给你造成了最初的伤害，你可能也意识到了自己的思想会如何影响内心，如何突破你不够坚固的心理边界，阻碍你保护自己，让你无法疗愈内心的创伤，无法健康成长。这种意识和见解非常有意义，可以帮助你做出有建设性的改变。

可能产生的毒性影响

我们现在把焦点转向可能会对你产生影响和其他你可能尚未察觉到的内心的陈伤暗疴。阅读以下内容，结合每一条评价给自己打个分：5 分表示非常符合我内心的想法；4 分表示比较符合；3 分表示部分符合；2 分表示不太符合；1 分表示非常不符合。

1. 我一直都承受着非常大的压力；

2. 我很容易被激怒并且经常感到暴躁；

3. 我经常睡不好，比如老是做噩梦或失眠；

4. 我经常感到身体不舒服，状态不好；

5. 我经常分心，难以集中注意力；

6. 我很难体会到快乐；

7. 我经常心烦意乱；

8. 我常常心绪不宁；

9. 我很不满意自己的外貌条件；

10. 我缺乏人际交往；

11. 我没有生活的意义和目标；

12. 我对自己的成就很不满意。

把各项得分相加起来得到总分：51 ~ 60 分表示中毒非常深；41 ~ 51 分表示中毒较深；31 ~ 40 分表示中毒程度一般；21 ~ 30 分表示有一些中毒反应；20 分或以下表示轻微中毒或没有中毒。

有毒物质的不断堆积，会让你内心的伤口越来越难以愈合，并逐渐影响你的日常生活。接下来，我们将重点讨论你的行为和态度反映了哪些中毒特征，并给出相关的解毒方案。

应对中毒的方法有很多，例如暴饮暴食、滥用药物、虐待他人或自虐、抑郁发作以及产生自杀的念头，但是这些无效甚至具有破坏性的方式只会增加你的痛苦，或者至多只能在表面上暂时缓解你的痛苦。你可能无法意识到，你之所以会出现一系列的自我毁灭行为，是因为你无意识地希望能为自己解毒。你的一些行为和态度实际上可能会破坏你的自尊和人际关系。请你一边阅读一边思考，你是否有这些行为或态度，并接受自己在无意识时的举动，看看自己会不会尝试自我解毒或采取其他非建设性的有意或无意的行为和态度，比如产生自我防御机制、针对自己和针对他人。

防御机制

人总会有意无意地开启一些自我防御机制。本节将介绍五种防御机制：替换、压抑、否认、退缩、投射。这些防御机制并不一定百分百适合你，但可以作为典型的方法进行分析。即使这些防御机制是在无意识的情况下发生的，但你仍旧可以回想起自己使用过这些机制，并且当你再次有保护自己的想法时，你就能有所察觉，并且分析这些防御机制究竟要保护你哪些方面。也就是说，你能更准确地评估外界对你的危险和威胁，从而降低自己使用防御机制的倾向。久而久之，你可能会发现，其实摆在你面前的只是一个根本不存在的威胁。

替换，是指当你不能直接攻击特定目标时，你通常会采取替换策略。你不会攻击锋芒毕露的人，也不接受他人的攻击，而是找一个更温和的人发泄。家庭成员往往是你替换的对象。有个典型的例子：一个人被老板训斥后感到很生气，回家之后因为一点儿琐事（也可能是自己无中生有）就冲着妻子发火，这就是替换。直接攻击老板是不妥当的，所以他选择把怒火发泄到自己的妻子身上。

请反思：想一想自己的经历，当别人不公平地指责你、不尊重你、忽视你，或者当你感到被贬低时，你却不能反抗或直接抱怨，你觉得应该怎么去处理呢？回想一下，事后你是否把怒气撒在了其他人身上？

压抑，是一种防御机制，你很难识别自己的压抑状态。假如你对此有所怀疑，请先将这个想法暂时搁置一边，先接受这个设定，这一点应该不难做到。每个人都曾忘记过一些事，过后又能回想起来，这就是压抑的表现。

当一件令人痛苦的事被深埋于心时，你就无法有意识地提取它或者无法回忆起相关细节。假如当时发生的事对你造成了非常严重的影响，你会将这件事掩埋起来，让自己不再触碰到这种痛苦的感觉。不管再怎么回忆，他人再怎么提醒你，你都回想不起来。然而，这并不意味着被掩埋的事情就消失得无影无踪，这些暗藏在心里的事依然会在潜意识里继续影响你。你会因为在生活中遇到与过去痛苦经历相似的情况，或是相似的人，而毫无理由地心生厌恶。

请反思： 你有没有从父母、兄弟姐妹或亲戚那里听说过自己以前的事，可是即使你当时在场，现在却完全想不起来发生了什么？这些事会不会让你感到痛苦，让你产生负面情绪？你一直将这些事压抑在心里，因为它让你十分抑郁，甚至给你带来了痛苦，这些心理创伤通常会被压抑在心里。

否认，是一种无意识产生的应对机制，可以让你免受那些不堪回首的、不愉快的真相带来的伤害。这种应对机制不仅仅是否定别人对你的评价，而是全盘推翻他人的看法，无论这种看法是否准确。这种否认的态度根深蒂固，难以改变，而且你也不知道这种做法是否正确。你已经说服了自己，某件事对你而言太危险，所以为了明哲保身，你不能再想起它。

每个人都可以用这个方法为自己的每件事进行辩护，但是人们无法察觉到或者不肯承认这是一种自我毁灭式的、不可控的行为。这种行为会破坏他们的人际关系。承认这种行为的破坏性会对人的内心产生巨大的冲击，所以人们会狡辩，声称自己可以随时随地停止或控制这种行为。其实，他们根本做不到，但他们拒绝承认。再多的劝告、坚持或威逼利诱都不能打动他们，因为在他们眼里，一旦承认了这是一种软弱、不受控制且羞耻的手段，他们就会感到恐慌。

请反思：你是否曾否认过某些事？比如，你是否曾否认遭受过虐待、经历过暴饮暴食或厌食、拒绝吃药或拒绝看病、有抑郁情绪却迟迟不愿去看心理医生、为了博得关注而剑走偏锋、触犯过法律？这些行为和上瘾一样，经常被我们否认。

退缩，既可以是有意识的，也可以是无意识的。无论是有意识的还是无意识的，它都是一种防御机制，通常会使人对危险产生情绪上或心理上的逃避。生理上的退缩是有意识的，但心理和情绪上的退缩更有可能是无意识或潜意识的。

无意识的退缩会导致你无法与他人交流。尽管你的身体还处于互动的状态，但你的精神已经逃离了。出于自我保护，你会让真实的自己蜷缩在一边，而其他人，特别是非常了解你的人，可能会发现你在退缩，而你自己毫无察觉。退缩的一些迹象包括走神、白日做梦、规划未来、追忆过去等。

当你意识到自己正在退缩时，试着回想一下你在退缩的时候周围发生了什么事，哪些事让你觉得受到了威胁而选择逃避。这些事可能会让你觉得内疚，产生负罪感，让你不堪重负，暴露出你的软肋，让你无力控制，无法管理将失控的情绪，让你只想逃避。

请反思：当身处不愉快的场景时，你会强烈地渴望逃离，以免陷入冲突吗？当产生强烈的负面情绪时，你会不会把自己的注意力转移到别处，这样你就不必参与或体验这种令人窒息的负面情绪了吗？

投射， 在之前的章节中曾提到过，指的是一个人无法接受自己的某个特点，并且在潜意识中把这种特点投射到别人身上。比如，你生气了，就会把怒气投射到另一个人身上，好像另一个人就是惹怒你的罪魁祸首。这也是一种保护你不受负面情绪影响的方式。

你的羞愧、内疚、自卑、恐惧等负面情绪都可以被你强加到另一个人身上，这个投射对象身上有着和你一样的特质，你却不肯承认，所以你想通过投射对象来证明给自己看。你不能接受这些特质存在于自己身上，也无法接受它存在于别人身上。

因此，这种投射机制会扭曲你对他人的看法，让你怀疑别人，从而侵蚀你的人际关系。你对现实的看法被扭曲了，尽管程度很轻微，但你意识不到这一点。而你投射的对象因为意识不到自己被你投射了，自然也无法理解你的反应。当然，也有些人能意识到你的小伎俩，但绝大多数人都不会这么想。

虽然你可以忽略或者不接受在当时那种情况下你对自己的看法，但过去的那些想法依然隐藏在你心里，因为它们是无意识的，你没有意识到它们正在潜移默化地影响着你的内心和人际关系。

请反思：你是否会对别人说的话、做的事或表现出来的样子有强烈的负面反应？问问自己，你之所以那样表现，是不是因为你把当时的一些情绪投射在了对方身上？也就是说，如果你对别人的愤怒做出了反应，有没有可能是你自己不想体验愤怒，也不想承认自己很愤怒，所以才把自己的愤怒投射在他人身上？

和自己作对

和自己作对的行为包括自责、绝望、无望、无助、妄自菲薄等，这些和自己作对的行为都是对自己有害的、让自己痛苦的。这些行为是你自发产生的，而不是由他人引起的。尽管有时你会无法意识到这一点，但你也可以控制这些行为。因为你长期深陷自恋型父母的泥沼，所以你想不到其实根本没必要以这种伤害自己的方式去思考、感受和反应。

尽管自责有时候会很伤人，但是这种行为不总是具有破坏性。你可能会因为没能达到对自己的期望而感到自责，但是假如你的期望非常不切实际，这时候，自责感就会伤害到你，比如过度追求十全十美、没有很好地理解个体的局限性（你认为自己应该确保其他人都感觉良好、全盘接收来自父母或周围环境的价值观，而没有审视自己的价值观）。

请反思：你有多少次因为无法自控而自责？你能否停止指责自己，并且保证下次做得更好？你能否为自己的成功喝彩，并且认可自己的成就？你当然可以！

绝望的表现很像抑郁症，但它可能没有抑郁症通常伴有的生理性问题。绝望是一种灰心丧气的情绪，当事情不能如你所愿发展时，你会感到非常心烦意乱。当你在一段时间内无法管理和控制自己的情绪、生活环境或人际关系时，你就会感到绝望，担心一切永远不会好转。

你的自我效能感在很大程度上取决于你满足自我需求的能力。但是，这只能说明你的需求有没有被满足，并不能证明你的需求是否合理、是否有逻辑。事实上，你的需求并不一定是合情合理合逻辑的。重要的是，你要相信自己有足够的能力满足自己的需求。这就是自我效能的含义。当你认为自己不能采取行动，也无法让别人采取行动满足你的需求时，你就会感到绝望。如果你有这种感觉，第九章和第十章中的建议或许会对你有所帮助。

请反思：你是如何向绝望屈服的？或者说，当眼前的一切似乎都对你不利时，你会如何克服内心的绝望感？

无望是与绝望类似的一个概念，指的是无法想象事情会变得更好。无望并不是意志上的消沉，而是缺乏具象化能力、想象力、切实的愿望以及相关知识。你找不到行之有效的解决办法，不知如何改变现状，不知如何才能获救，这就是无望感。

这种无望感可能会导致抑郁和绝望。一些关于身体和心理联系的研究表明，无望会对身体造成负面影响。当你缺少希望时，你的身体、心理健康和人际关系都会受损。

在某些情况下，保持希望基本上不可能，比如身患绝症、亲人去世、犯法定罪或被诊断患有慢性病等。不管抱有多大的希望都不能改变现实，而且坚持抱有这种虚假的希望也是非常不现实的。然而，生活中总会有让人期待的部分，根本没必要对事事都感到无望。你也许不能改变现状，但是你可以决定如何去应对它。你也有责任尽力照顾好自己，无望感对你毫无帮助。

请反思：当你感到无望时，你放弃了什么？因为这种无望感，你可能会错过什么？如何做才能让你对生活的其他方面仍然保持希望？

无助和无望不同，因为无助比无望更能反映出负面的自我认知。无望指的是有一些外部因素正在阻碍一个人实现愿望，而无助完全是个人内心的状态。此时此刻，这个人没有足够的财力和物力实现愿望。因此，无助感是一种个人缺陷，是失败的象征。

以下是导致无助感产生的一些例子：

- 不知道做什么或说什么会对另一个人有帮助；
- 看到不公正或不公平的行为，却没办法制止；

- 无法阻止别人辱骂、诋毁你；

- 让你自己或让别人失望；

- 重复犯同样的错误，比如背叛自己的爱人或亲密朋友。

  所有的这些例子都表明你没有能力实现自己的愿望。如果你能做出一些改变，做得更好，改掉一些缺点，你就不会体验到这种情绪，也不会觉得无助了，至少你可以这么暗示自己。但是你忽略了一个事实，你的内心产生了无助感，这表明你需要在这方面做更多的心理建设，掌握更好的技能和手段，从而更理性地认识自己的能力，对自己抱有更现实的期望。

  对无助的反应可分为五类：放弃、离开、坚持、归咎于外界因素以及强化内心。**放弃**有可能让你陷入困境，进退两难，这是你对现实情况进行评估后做出的决定。**离开**是退缩的一种形式，保护自己不用再面对无助感带来的痛苦。**坚持**就是持之以恒，努力达成心愿。但是你的努力有可能会带来积极的结果，也有可能只是重复之前无效的行动。很多时候我们都在反复做着一些毫无用处的事。神奇的是，即使我们明知道自己在做什么，没人能成功，以后也不会成功，却依然在坚持。**将错误归咎于外界因素**也是很常见的反应，我们总是试图为自己的错误找一个合理的理由。也存在这样一种可能，外部因素确实给我们造成了障碍和限制。最积极的反应应该是**强化自己的内心**，当你感到无助时，你要知道，你只是没有尽力，而非真的无能为力。

  请反思：当你感到无助时，你的反应是什么？你如何才能认识到其实你并没有用尽全力？当你感到无助时，你能认清自己的处境和现实吗？你是否一直在期待有人能救你？

妄自菲薄的杀伤力极大，会让毒素在体内持续累积。无论你身在何处，只要你还在呼吸，你都会产生一些负面的想法，比如觉得自己不合格、无用、能力不足等。与此同时，你也无法欣赏自己积极的一面，这种挫败感不断对你产生负面影响，让你愈发看轻自己。

妄自菲薄源于童年时期原生家庭的影响以及过去的一些经历，对自己的认知在很大程度上依赖周围环境给出的反馈（比如家人和其他重要人物）。你可能在小时候就内化了家人对你的评价和看法，并因此不断地贬低自己。你可能也习惯了过分关注自己的缺点，而忽视了自己的优点。

妄自菲薄不是谦虚，不是低调，也不是躲避众人的目光。一味地贬低自己对你造成的影响更为严重，如果你拿所谓的"谦虚"或"低调"当借口，那只是自欺欺人。你可以谦虚，可以低调，但千万不要贬低自己。

请反思：你是否能意识到，无论是在别人面前还是一个人胡思乱想时，你有多少次贬低自己的品质、行为和成就？你是否害怕别人认为你傲慢、爱吹牛？怎样才能在"自卑"和"自负"之间取得平衡，懂得欣赏自己的长处和优点，又不会显得自以为是？

自以为是也可能是毒素累积的结果。为了不让自己感到自卑、羞愧，你会夸大自己的能力、吹嘘自己的行为和成就。自以为是常表现为爱吹牛、表现得高人一等。尤其是身处残酷的竞争、嫉妒、权力斗争时，这种做法不仅会伤害自己，还会伤害到其他人，不利于你们的人际交往。所有这些都是因为你太想要保护自己了。

　　以下是一些自以为是的行为和态度：

- 从不肯承认自己的错误，并且毫无内疚感；
- 坚信如果别人都按照你的计划行事，你肯定不会犯错，所以任何错误都是他人的错；
- 认为你的贡献比其他人更重要，总是夸大自己的贡献或贬低别人的贡献；
- 不负责任；
- 总是吹嘘自己的成就和财富。

　　这些行为和态度都和未形成的自恋，以及害怕被摧毁、抛弃的恐惧有关。自以为是的人不能理解，也不愿接受每个人都是有价值的和独一无二的，并且他／她总是想要保护自己不受伤害（即使有些"危险"是凭空想象的），这一切造成了"自恋"的结果，消极地影响着你的人际关系，阻碍你的成长。

　　请反思：你的行为是否非常符合或部分符合上述情形？是否有人指出并批评过你的这些行为或态度？你是否无法意识到这

些描述其实是在说你？你是否拒绝承认自己符合这些特点？

和他人作对

第三类可能的潜在有毒影响是和他人作对。你说话做事仅仅是为了发泄内心的羞愧、内疚、自卑和恐惧等，这些行为会伤害你的人际关系。长此以往，你不仅无法发泄你的负面情绪，还不利于你的个人发展。与他人作对的行为包括指责、做戏、占便宜、提无理要求、贬低和贬低的言论，比如讽刺和奚落。

指责他人的错误和不足，从而逃避承担自己的责任，是有毒物质在体内堆积的常见反应。察觉并指出别人的缺点、不足和错误比意识到自己的缺点，勇于承担责任要容易得多。另外，指责别人也可以显示出你的优越感，显得高人一等。

没错，有可能真的是别人犯了错，这一点毋庸置疑。但是，你指责别人不仅仅是为了指出错误，你还想要羞辱他们，让他们感到内疚。想一想，当别人指责你的时候，不管是不是你的错，你会有什么感受？因为自己不够优秀而感到羞愧，因为没有达到自己的标准而感到内疚，因为被人当面指出错误而感到气愤，因为别人发现了你的不足而害怕自己被孤立、被诋毁。你可能会说，你并不这么觉得，但你心里肯定感受到了一丝不快。就算真的是这个人的错，你指出来了，对你们的关系又有什么好处呢？

你总是倾向于把错误归咎于别人，这种倾向可能是原生家庭以及过去的一些经历导致的。当你观察到一个人在指责另一个人时，你可能会有意无意地模仿这个行为。

有些人指责别人，其实是想转移自己的内疚感，而你并不知道自己为什么要指责别人。你要知道，绝大多数时候，指责别人是毫无意义、毫无帮助的。

请反思：你是否经常在口头上或用一些非言语行为指责别人？当你想指责别人的时候，你能否及时克制住这种欲望？

发泄情绪是心理治疗中经常使用的一个术语，用来描述各种各样挑衅、对立、有破坏性以及其他看上去十分痛苦的行为。发泄情绪的典型表现就是打断谈话、转换话题，以便自己能掌控话题的走向，让自己成为焦点，引起被你打断的人的反应。以下是一个典型例子。

> 某位教学经验非常丰富的高中老师为了提升学历去高校进修。她跟自己的妹妹聊天时说，她在课堂上表现得一反常态，状态十分糟糕：她会在课堂上嚼口香糖、吹泡泡，甚至谎报自己的名字。但是她平日里给学生上课时，很少嚼口香糖，也不允许学生在自己的课堂上嚼口香糖。她和妹妹说，她也不明白为什么自己会表现得如此糟糕。妹妹问她觉得上课怎么样，她说很不开心，因为她要在业余时间抽空来上这门课。上课内容没问题，老师讲得也挺好，她就是因为被强行要求上课而不满。她在课堂上的反应就是典型的发泄情绪。

很多行为和态度的出现只是想发泄内心的烦躁和厌倦，但都不严重，所以你可能没有意识到，比如违反一些小规则、故意不按规章制度行事、生闷气、间接攻击别人、不配合、总想着如何报复等。但是，发泄情绪并不意味着你不尊重、不愿配合别人。

请反思：你的一些行为是不是在发泄情绪？你应该提高自己的意识，意识到此时你是在抗拒、挑衅和对立，尽量搞清楚自己为什么会这么做。

占便宜指的是为了自己的利益而利用别人。你也许是下意识地想要展示自己的优越感、力量、权利或者操控别人的能力，但是你的这种行为却是以牺牲他人利益为代价的。占便宜说明你看不起这个人，认为他／她很软弱，微不足道。

你可能认为自己从不占别人便宜，或许你确实没有，但如果你做过以下任何事，那你就是在占便宜：

- 让一个小孩替你做你完全可以自己去做的事，比如说拿东西；
- 未经你的另一半或家人同意，就擅自安排社交活动；
- 在某个项目中，你的贡献微乎其微，却在报告上署上自己的名字；
- 从不礼尚往来；
- 总是认为自己应该被优待。

这种利用他人的行为是未形成的自恋的一种表现，他／她尚不能接受别人，不认为他人是有价值的、独特的个体。相反，这样的人认为别人是自己的一部分，受自己控制。这也是毒副作用在体内累积的后果之一，把自己的痛苦迁怒于他人，通过贬低别人来抬高自己。

请反思：如果你占过别人的便宜，还要继续这种行为吗？你能否能够意识到自己在利用别人？如何才能改正这种行为？

提无理要求。你可能觉得自己提出的任何要求都是合理的，否则你根本就不会提。但在你下结论之前，你应该反思一下自己提过什么要求、是如何提的、当这些要求得到满足或没有得到满足时，你的反应是什么，以及这些要求对你们双方之间的关系有什么影响。

哪些要求是不合理的？虽然你可能认为自己只是在提要求，只是张嘴表达了自己的需求，指出别人该做什么、不该做什么，只是想让事情进展得更顺利，但你其实更看重这些事情要按照你的想法去做。如果你要求别人做如下事情，那么你的要求就是不合理的：

- 要求别人改变，只因为你想让他们改变；
- 要求别人能够体察你的心思，满足你的需求；
- 要求别人停止做某事，仅仅是因为你不喜欢或这件事让你不舒服，而且要求别人时刻注意你的负面情绪；

- 期望得到几乎所有人的关注和仰慕；
- 期望自己在大多数时候都能得到优待；
- 要求别人，比如你的孩子，按照你的想法生活；
- 期望别人对你保持依赖。

这些不合理的要求代表你想要掌控你周围的世界，这种需求暴露了你心中堆积的毒素。假如别人没有满足你的要求，忽视它或者向你提出不合理的要求，你心里的毒素则会不断增加。这样一来，你就更加模糊了对自己的价值和能力的认识。

请反思：怎么才能更独立？你能否理解每个人都是独立的个体，和你一样有自己想做或不想做的事？那么如何才能少提或者不提无理要求？

贬低别人是为了满足自己的优越感和控制欲，炫耀自己的权力。这些行为和态度会使别人感到他自己低人一等、有缺点、羞愧、一文不值、毫无能力等，而你却不会这么看待自己。有时，这些行为就像一颗糖衣炮弹，以幽默、玩笑的方式表现出来，显得好像对方不懂事，反而是你解救了他／她。这些是你为自己的行为找的借口，好让你认为自己没有伤害到别人。

贬低别人的目的是投射和报复。投射是指把你自己身上不能被接受的特点转移到别人身上，这样你就可以拒不承认自己的这部分特点，也无须在乎自己能否接纳自己。而且，通过贬低别人也可以让周围的人都知道你讨厌这种特质。报复是一种潜意识里产生的动机，你攻击别人是因为你过去受过伤害。

贬低别人的言语或行为百害而无一利。你不仅无法建立一个积极和谐的人际关系，也不能给旁观者和被你攻击的人留下好印象。周围的人多半会同情被攻击的人，而看不起你。试着意识到你何时可能使用以下任何一种方式，并有意识地摆脱它们：

- 讽刺别人；
- 羞辱别人；
- 开别人玩笑；
- 故意误导别人；
- 当面指责别人，或在背后嚼舌根；
- 批判一切你看不顺眼的事物，比如别人的穿着、身材、发型、饰品等；
- 暗示别人不够资格、能力不足等；
- 时不时提起别人曾经犯的错误；
- 无视别人或是想要征服别人。

请反思：你是否经常有意无意地贬低别人？当你想要表现得优越、强势，想要控制别人时，你该怎么办？你是否总感到自卑、脆弱，所以必须要通过贬低别人来获得满足感和优越感？

总结

　　本章介绍了毒副作用在体内堆积产生的一种或多种后果，并给出了一些相关建议。接下来的两章将会讨论如何为中毒的内心"解毒"，教你建立坚固而灵活的心理边界，强化自己的内心。在阅读的过程中，你还能学到如何才能放下心里的负面情绪，忘却毒副作用给你造成的影响。疗愈之旅已然启程，你能渐渐意识到这些毒副作用给你带来的直接或间接的影响。

　　要想改变任何或所有这些毒副作用堆积产生的反应，需要你学会思考，对自己有清晰的认知，需要付出一定的时间与精力。冰冻三尺，非一日之寒，这些毒副作用是经年累月堆积起来的，所以改变它们也需要一些时间。你要做的就是保持耐心，原谅自己的失误和错误，坚信下次会做得更好，时刻关注自己的内心，为自己取得的积极成就感到高兴。

本章练习

写作

材料：一张纸、书写工具、舒适的书写环境。

找一个安静的地方。列出 5 ~ 7 条能让你内心感到温暖的事，比如能深深打动你的场景、声音、活动等，或者是一些能鼓舞人心的事情，比如意外收获了一个拥抱、得知至亲之人取得了某项成就，或者感觉自己与外界的联系非常紧密。

绘画 / 拼贴

选择一个能够给你带来温暖的人，用一幅图画或拼贴画描绘他 / 她，可以是与之相关的抽象符号或图像，不一定非要采用现实主义画法。

视觉化展现

想象一个快乐的场景，可以是真实的，也可以是虚构的，或者是你希望发生的。

第六章

八大策略：停止伤害以及如何
"积极报复"

莎拉从不会去判断她对自己的看法和态度是否真的正确，所以一旦她否定自己，就会一蹶不振，觉得所有人都能察觉出她身上的致命缺点。她一直在思考自己和父亲的关系。从小到大，父亲总是看她不顺眼，她做的所有事都会遭到父亲的批评。有一天，她突然意识到，她对自己的不满并不是自发产生的，而是源于与他人的攀比，和别人一对比，她就觉得自己不够好。她渐渐开始怀疑父亲对她的批评，发现其中漏洞百出，所以也不再纠结于此。当她再次回想起父亲的批评时，就没有那么伤心了。

引言

要减轻或消除自恋型父母对你的负面影响，最有用且效果最持久的策略就是使自己的内心更强大、更有韧性。强大的内心不仅会让你和父母交流起来更顺畅，而且也会改善你与其他人的人际关系。从长远的角度看，建设性的策略远比试图改变父母的想法更有效果。与其痴心妄想，倒不如把多余的时间和精力用来塑造自己的内心。

本书的后半部分将着重介绍一些策略和信息，帮助你拥有勇敢、坚强、坚韧的品质，让你有能力开启并维系一段有意义又令人满意的人际关系，并且不再遭受自恋型父母的负面影响。

八大策略

首先，不管你是否已经达成了目标，我都要恭喜你已经取得了巨大的进步。假如你已经读完了前面这些章节，你可能已经摆脱了一些怨恨，并且收获了更多的认识和理解。请为自己鼓鼓掌，回头看看你已经进步了多少，不要总是直视前方，担忧未来。放轻松，体会卸下包袱后身体和情绪的变化，为自己的进步喝彩，你知道自己正在进步，尽管慢如蜗牛，但是方向正确，所以动力不竭。

以下是八大策略：

- 放弃父母会主动向你表达爱意的幻想；
- 情绪低落时，多和自己交流，肯定自己；
- 坚持利他主义，对构建强大内心很有帮助；
- 主动帮助别人；
- 时不时地改变一下节奏，让自己重新振作起来；
- 在生活中感受美好；

- 心怀正念对你有积极影响；
- 改掉自己身上的自恋行为和态度。

这些策略不仅可以帮助你建立强大的内心，让你免受父母的言行举止所带来的伤害，还可以帮助你治愈旧伤，让你从更客观的角度审视自己愈发强大的内心世界，并且消除被旧伤唤起的负面情绪。你还可以为自己"解毒"，减轻或消除防御心理，不再和自己作对、和他人作对。

读完本书的前五章，你应该对自己和父母已经有所了解了。但是，你可能还会因为父母过去的自恋行为而感到受伤，并且认识到自己以前是如何忍受父母的一些负面情绪的。这些负面情绪让你觉得自己不够优秀，并且持续影响着你对自己的看法。你会发现，自己可能一直不自觉地沉浸在过去的痛苦中，而且这种无法自拔的感觉会给你带来毒性伤害，在你身上不断累积。所以，如果你能将注意力和精力放在更具建设性的事上，会更有收获。接下来的章节将教你如何保持良好的状态，促进内在发展，强化内心，学会与父母正确接触。

策略一：放弃幻想

让我们把注意力转移到一些有意义的事情上，来对抗在你体内累积的毒素。第一个策略是放弃幻想，做到这一点可能有点困难，因为你此前可能从未意识到自己是在白日做梦，一直对过去的创伤以及你的自恋型父母抱有不切实际的幻想，比如：

- 父母承认了错误，并试图补救；

- 父母因为伤害到你而感到自责；

- 你可以做得比父母更好，在他们面前耀武扬威；

- 周围的人和你一样，都不喜欢你的父母；

- 你是无辜的；

- 以其人之道还治其人之身，你不做也会有别人来做；

- 父母会忏悔自己做过的事、说过的话并做出改变。

　　幻想会不断激化你的负面情绪。这些之所以是幻想，是因为它们不太可能发生，即使你非常希望它们有一天能变成现实。事实上，父母或者任何人都不会因为你的期望而做出改变。他们对过去事情的看法可能与你不同，也无法意识到你的痛苦，甚至会直接忽视你的痛苦。对自恋型父母抱有幻想，对你毫无益处。

　　这些幻想是你应对痛苦的方式。幻想存在于多个意识层面，强烈程度也大不相同，这取决于你受到伤害的程度，强烈的幻想往往源于最深刻的伤害。你想追溯痛苦的根源，想找寻出蛛丝马迹，想知道自己为什么如此痛苦。你可能根本没有意识到你的一言一行会给自己带来多大的伤害，因为你赋予了它非常美好的幻想。也就是说，你认为这些轻伤微不足道，而你的幻想表明，这些超乎想象的伤害让你的情绪波动非常强烈，你却不愿承认。这种意识非常重要，你可以利用它，千万不要压制或否认它带来的影响。

　　第一步是你要知道自己在幻想，但是想要放弃这些幻想并不容易，你必须彻底消除伤痛引起的情绪。有一个策略可以帮助你开始这个进程——每当你对某个人或某件事抱有任何幻想或不切实际的期望时，你需要先和自己的内心沟通。例如，如果你希望父母可以认识到自己犯的错误并向你道歉，以下自我对话就可以帮助你放弃这个想法：

- 期望他人改变是不现实的，不管我怎么想，别人都不会改变；
- 我不能改变别人；
- 我会克服这些伤痛，我会变得更好；
- 我会接受父母，不再期待他们能够满足我的要求；
- 我的幻想从未实现过，这一次怎么可能会实现？
- 我不需要通过伤害父母来缓解痛苦；
- 我要爱自己、接受自己、认可自己；
- 我会做一些更有建设性的、更有成就感的事。

你需要继续努力放弃幻想。我知道，放弃幻想并不容易，不只是下定决心就可以，它们往往会继续潜伏在你的潜意识层面，不易察觉。当你发现自己还抱有一些幻想，与其纠缠不清时，千万不要失去耐心，告诉自己：我要继续努力，尽管这些幻想的威力超乎想象，但是总有一天我一定会克服的。

现在让我们关注一些关于自身发展的策略，这些策略同样也能帮助你减少幻想。

策略二：用积极的自我肯定取代消极的自我评价

自恋型父母很擅长激发你内心的不安全感、自卑感、不满足感等负面情绪。这些情绪之所以能被激起，还有一个很重要的因素，就是你对自己的看法有偏差，也就是"自我评价"有误。你对自己的看法往往是不准确、不现实、不合逻辑、负面的，所以这些想法会对你产生副作用。如果你能够意识到负面情绪和想法其实都是你对自己的评价所导致的，并且可以用新的自我肯定来取代它们，那么这个副作用就会消除。以下是一些可以替代负面自我评价的自我肯定，看过这些自我肯定，你也可以触类旁通，发展出一些属于自己的自我肯定。

自我评价：父母对我的批评是正确的。

自我肯定：我有很多优点和才能。

自我评价：即使我知道照顾他人的需求、满足别人的期望是不现实的，但我必须那么做。

自我肯定：我可以自主决定做什么，不用受制于别人的要求和期待。

自我评价：我必须时刻满足他人的期待，即使这种期待不切实际或不可理喻。

自我肯定：我有能力满足别人的很多期待，但不需要时刻服务于他们。

自我评价：我必须要得到外界的认可才能肯定自己的价值。

自我肯定：我要欣赏自己、珍惜自己，我不需要他人的肯定。

自我评价：我能够控制所有事。

自我肯定：我可以应对和解决大多数事情。

自我评价：我有责任不让周围的人感到痛苦。

自我肯定：我可以在关心别人的同时，不被他们的情绪感染。

自我评价：我应该是完美的。

自我肯定：尺有所短，寸有所长，我正在努力改正自己的缺点。

自我评价：我永远不应该犯错。

自我肯定：吃一堑，长一智。

自我评价：如果我能做得更好，我的人际关系就会比现在更强。

自我肯定：我已经足够好了，我可以建立并维系有意义的人际关系。

自我评价： 我应该体察周围人的情绪，关心他们。

自我肯定： 我的心理边界可以更坚固，我可以关心他人，并且不会被他们的情绪湮没，我可以构筑一道情绪屏障。

策略三：追求利他主义

利他主义指的是无条件帮助他人，没有义务，也不存在期望、互惠等责任的捆绑。你的给予是自由的，而不是出于被强迫、被激发出内疚感或者为了获得给予帮助带来的快感。你给予是因为你想要别人得到你的帮助，你的帮助可以是物质的，也可以是非物质的。

研究表明，做出利他的举动对个体有益。赠人玫瑰，手有余香。即使双方并不认识彼此，你也可以在对方不知情的情况下帮助他 / 她，你也能受益匪浅。

常言道，"日行一善，积善成德"。这些善事指的是意料之外的赠予，不求任何回报，这便是利他行为的特点。如果一个人自认为比较善良，但只是在别人要求你善良的时候才善良，或者在自己想要得到好处或褒奖的时候才善良，就不是利他。换句话说，这只是选择性善良。利他是在任何情况下，对任何人都能伸出援助之手，并且不求回报，也不计较结果。

为了理解利他的概念，我们可以对比一下利他和单纯的做好事。做好事不同于利他，因为做好事还包含以下行为和态度：

- 期望别人说"谢谢"；

- 惦记着别人感激你；

- 做好事是为了获得注意和仰慕；

- 问别人喜不喜欢你的礼物或者帮助，想要得到认可；

- 总是提醒别人你为他们做过的事或送他们的东西；

- 期望付出能得到回报；

- 利用礼物来控制别人，笼络人心；

- 希望赢得别人的好感；

- 总是向别人提起你帮过他们什么、送过他们什么；

- 如果别人对你的帮助不领情，你会生气。

你应该可以意识到，有些善意的行为和态度是有企图的。当然，这些行为和态度绝非坏事，只是它们不属于利他主义。

你可能会问到底什么才算是利他主义。首先你要知道，利他的行为是完全不求回报的，是无义务的、无条件的付出。其次，请牢记这个概念。最后，你可能想拥有一套属于自己的、独特的利他行事方式，可以先试试以下方法：

- 参与各种各样的志愿服务，比如帮助自己的邻居；

- 辅导孩子；

- 看望老人、行动不便的人；

- 在社区中心、幼儿园等场所教小朋友做手工；

- 为无家可归的儿童收集书籍；

- 帮单身妈妈照看孩子；

- 如果邻居生病了，可以帮他们打理庭院或菜园子；

- 为盲人做有声书；

- 多说鼓励、支持的话；

- 时常感谢他人；

- 主动帮助别人。

与人为乐，于己为乐。

策略四：乐于助人

当你学会乐于助人，而且不会被他人的情绪感染或不再害怕被孤立、被诋毁，就说明你已经在建立强大的内心上取得了重大进步。人际关系是支撑积极的自我认知的关键因素，它影响着我们的身心健康，让我们找寻到生活的意义和目标。所以，助人为乐是一种美德。

如果你经历了很多创伤，很难做到助人为乐是情有可原的。毕竟，过去的经历不断警示你这么做太危险。你可能总是唯唯诺诺，甚至有一种被孤立、被排挤的感觉。如果此时有人可以向你寻求帮助，你的痛苦就会大大减少。

你需要和自己沟通，比如，你可以想想自己的目标是什么，不要总是觉得失望，要试着去理解别人的反应，而不是一旦没得到预期的回应就直接放弃。建立一段有意义的关系需要时间，欲速则不达。

怎样才能帮助他人？上一节给出的利他行为清单可能会对

你有所启发。这是一个很好的开始。但是请记住，如果你做这些事是希望获得好处的，那么你的这些举动就不能算作利他。你虽然在帮助别人，但同时你也想帮助自己。

假设你已经决定了要乐于助人，那么该从哪里上手？你可以试试以下策略：

- 发自内心地对别人感兴趣；
- 学会倾听，少谈论自己；
- 发现对方身上令人欣赏的一面，并愿意就此展开话题；
- 尊重别人的心理边界，并且确保别人也同样尊重你的边界；
- 不要急着去解决别人的问题，要对别人自主解决问题的能力有信心；
- 不要试着掌控别人的生活，也不要让别人掌控你的生活；
- 理解并尊重不同的观点、价值观、想法等；
- 找找你们共同的兴趣、爱好，一起参加这些活动。

主动帮助他人并不意味着你再也不会受伤，你仍有可能会受伤，但如果你建立了强大的内心，这个伤口就会很轻微，并且更容易痊愈。你要从过去的伤害中恢复，并且尽量减轻当前和未来的伤害，这是疗愈的一小步。

策略五：保持好奇心，发现生活中的美

美是无法定义的，审美因人而异。仁者见仁，智者见智。好奇心也是这样，它就像孩童注意到新奇的事物，从周围的世界中捕捉到兴趣，满心欢喜，沉迷其中。

美和好奇心可以充实我们的生活，而任何可以使我们的生活变得充实的事物都是有建设性的。人类欣赏美和感受惊奇的能力给生活增添了更多维度，拓宽了人们对世界和对自身的认知。拥有这种能力，就可以将生活中平凡、无聊，甚至痛苦的部分都升华为美。

尽管对美的定义因人而异，但我们还是要把注意力集中在你觉得美的东西上。尝试以下练习：发现你周围的美，并向自己保证每天都能看到一些美的东西。这样做可以让你修身养性，神清气爽。此前的大多数时候，你可能太过专注于那些无法改变的事情，比如你无法解决的问题、对未来规划的焦虑……事实上，你应该多花点心思，去发现身边的美。

另外一个让人觉得充实的方法是扩展自己对美的定义，在你的审美观中增添新的事物。你可以考虑以下事物是否符合你对美的定义：

- 微笑或其他面部表情；
- 四季中的某一天；
- 自然景观，比如高山、沙漠或者海滩；

- 正在玩耍的孩子；

- 写得很好的一句话、一段话或一本书；

- 音乐，即使不是你最喜欢的；

- 演出，比如体育比赛或一出戏。

世界上充满了美，我们只需敞开胸襟接受它。如果你有幽默感和好奇心，随时准备迎接新事物，你就会对周围的事物充满兴趣。当你以新的方式看待周围事物时，它们就会变得不同凡响，你也能从中学到新的东西。好奇心是作家、科学家、研究者等热衷于探索知识的人共有的品质。孩子们也时刻对世界充满了好奇心，他们每个"第一次"都源于好奇，所以他们会一直追问"这是什么？""为什么？"……

你无法再次捕捉过去那些经历带来的快乐和兴趣，也体会不到当下的愉悦感，反而会心生沮丧，这是抑郁症的一种症状。抑郁症早期的症状比较轻微，可能会间歇性发作，在病情加重之前需及时治疗。

你可能觉得自己已经长大，不会再从儿时的游戏中获得乐趣，或者你的身体状况已不允许你玩小时候的游戏了，但这并不会影响你寻求好奇感。你可以发展新的兴趣，培养多样的好奇心。这些是自发产生的，可以受你控制。人们每天都能从身边的人或事物中找到灵感，对许多事感到好奇，冒出类似下面的问题：

- 这是怎么用的?

- 这是怎么发生的?

- 她怎么做的?

- 这会变成什么样?

- 我能不能发现……?

- 怎么做才能更好?

- 我该怎么帮忙? 这里面是什么?

- 他们为什么要这么做?

如果你能保持好奇心, 那就总能找到让你感兴趣的事, 永远也不会觉得无聊, 你会朝着有建设性的方向继续成长、发展。

策略六: 偶尔改变生活节奏

按部就班的生活会让人觉得舒适, 因为你对此非常熟悉, 每一步流程都是固定的, 无须警惕、注意或者考虑各种意外。如果家庭环境缺乏这种固定的节奏, 孩子有可能会变得急躁、紧张, 随时处于戒备状态。他们需要随时准备处理麻烦, 并因此产生许多身体和心理问题。无秩序、混乱、不可预测、不可靠等因素会让人心情烦躁, 如果日常生活中常常充斥着这些因素, 情况会更糟糕。这些经历会使你渴望稳定的节奏, 希望每天都过得一样, 每件事都可预测, 这样你就可以放松心情, 保持平静。

但是, 一旦你习惯了这种井底之蛙的生活, 你就会被束缚,害怕开阔视野、遇到新的人或新的挑战，你的资源和才华也会因此受限，能选择的机会将越来越少。你限制了自己，从某种意义上看就是影响了自己的成长。偶尔变换一下节奏可以让你变得精力充沛、思维活跃，所以，丰富你的内心，为自己打造一双善于发现美的眼睛至关重要。

这并不是说你应该打乱目前的生活节奏。有些日常习惯是有益的，比如，我习惯早上醒来后没多久就开始写作。我会先看一会儿报纸，喝一杯咖啡，然后拿起笔和纸开始工作。没错，我还处于用纸笔写作的中世纪。因为笔和纸可以随身携带，计算机却不行，这样对我来说最为方便。这个固定的流程让我一直保持着高效率，只要我还拿得动笔，我就会一直坚持。你也应该保留一些对自己有益的习惯。当然，改变节奏也不会破坏你的生活，你只是在做一些新的尝试，判断这些事对你是否有用，能否给你充电，带来积极效果，任何不同寻常的事情都可以尝试。

现在你应该知道改变节奏是什么意思了。想一个独特的方法改变自己的节奏，在实际生活中尝试一下，如果没用，或对你不合适，就再想想别的，千万不要放弃，同时也注意一下在尝试新鲜事物时的感受。那些毫无效果的方法，就别再使用了。但即使某个办法不管用，你也能从中获取一些有价值的信息。

现在你该知道怎么做了吧！偶尔改变节奏会带来惊喜，但是不要太过频繁，因为频繁地改变节奏会让你压力倍增，而在控制范围之内，偶尔改变一下，效果最理想。

策略七：心怀正念

正念可以帮助你将注意力集中于重要的人、事、物。这在你和自恋型父母接触时非常奏效，因为高强度的情绪波动会让你分心。一旦你分心、迷失，父母就趁机占了上风，再次向你输出负面情绪。

正念需要集中注意力，有意识地思考。这种意识能让你注意到你之前未曾注意过的东西，更专注于让你感到困惑、给你带来刺激的事物。同时，正念能让你减轻焦虑，感觉凡事皆在掌握之中。假设你已经做过了后文的正念练习，已经可以熟练地使用正念，你应该有以下体验：

- 你可以察觉到父母正在老去，其中一些迹象你之前从未发觉；
- 父母还是像原来那样咄咄逼人，但你已经不再纠结于他们为什么这样，你可以感受到父母对于生老病死和无法再控制你的恐惧；
- 父母的用词毫无意义且并不准确，这些话就像皮球一样，打到你身上就反弹开了，你丝毫不会因此而受伤；
- 你注意到了父母的焦虑，但不会被感染，也不会觉得自己有责任去减轻他们的焦虑；
- 你开始意识到亲子角色正在转变，你的父母对此还没有清晰的认识，而且非常抗拒；
- 与父母接触后，你不再难过、痛苦。

正念可以拓展你的意识，让你集中注意力。每天尽量多尝试章后的练习。这个练习需要的时间不长，视个人情况而定。

策略八：减轻你自恋的程度

这条策略的前提是自恋的行为和态度对你毫无意义，毫无帮助。正如自恋型父母意识不到自己已形成的自恋，你可能也意识不到自己的某些行为和态度反映了你尚未形成的自恋。尚未形成的自恋有以下坏处：

- 阻止你为自己解毒，阻止你强化内在的举动；
- 限制你打造坚固的心理边界，不再遭受自恋型父母的伤害；
- 让你和父母或其他人接触时处在一个易受伤害的位置；
- 阻碍你建立并维系一段有意义、有满足感的人际关系；
- 妨碍你帮助别人，与别人建立联系；
- 让你时刻处在防范状态。

让你减轻自恋程度的方法有很多。假如你真的做到了，你就会发现中毒症状大大减轻，人际关系变得更好，你也会变得更自信，更认可自己。请记住，这是你一生的功课，你可能意识不到自己身上存在的自恋的行为和态度，但它们确实对你的内心和人际关系产生了重大的负面影响。

"积极报复"

"报复"在这里指的是为了获得公平而让别人付出代价，以表明你更强大、更有能力，不管你是否真正受到了伤害，比如你有一对自恋的父母。你受伤了，所以你想让对方也受到伤害，这样你才能感到平衡。你坚信他/她做错了，他/她想要故意伤害你、针对你，但你束手无策。

你不仅受到了伤害，还"被迫"感到力不从心、无能为力、自惭形秽。你想报复，让别人受伤，让他们为伤害你而感到抱歉，这就是我所说的"消极报复"，即使你真的付诸实践，也不会感到痛快。对方甚至可能根本没有注意到你的"努力"，而且报复还可能会激起你的负罪感，因为这是你的违心之举。

"积极报复"是一种另类的"报复"，指的是在不损害你个人价值观和原则的前提下向别人证明他们做错了。这些"积极报复"的策略不会因为你受到伤害而再次中伤另一个人，而是公开地、坦诚地向他/她证明他/她错了。你不必为了"报复"而遭到自恋伤害。

首先让我们思考一下：你怎么做会让自恋型父母更恼火，是大声斥责他们，还是不为所动？"积极报复"者一定会选择后者，因为你会由此获得有意义、更持久、更令人满意的关系，让你享受生活，找到人生的意义和目标，踏踏实实地生活，爱自己，欣赏自己。假如你过得很好，那能否向你的父母证明，他们对待你的方式是错误的？就算他们想尽办法控制你，但你依然坚强地活了下来，并且茁壮成长，你有能力处理他们传染给你的负面情绪，你没有被他们摧毁或吓倒。对你而言，这难道不是一种奖励或肯定吗？西方有句谚语："好好生活就是最好的报复。"冤冤相报何时了？不如善待自己，以积极的方式"报复"。

这本书中提供的信息、思考内容和活动可以帮助你充实地生活，并且使你免受自恋型父母造成的伤害。你可以使用的策略包括：

- 击退负面情绪；
- 挖掘内在优势；
- 尽力而为；
- 找到快乐、意义和目标；
- 让生活变得有价值；
- 把自己的看法、观点和要求放在更重要的位置上。

接下来让我们更详细地了解这些策略，并找到实现它们的方法。

击退负面情绪。抵制来自自恋型父母的负面情绪，这也适用于应对其他人。屏蔽负面情绪可以防止它侵蚀你的自尊，也有助于保护你免受自恋伤害。

挖掘可能被自己忽略或尚未利用过的内在优势。你可以列一张表，写出你认为自己存在的一些弱点，然后对这些弱点进行反思，挖出其中暗藏的优势，并努力将这些优势发扬光大。例如，你的一个弱点是不善于拒绝，没有自己的立场，那么相对应的潜在优势就可能是你不会轻易对他人感到失望。保持并发展这种特质，同时学着说"不"，坚持自己的立场，你完全可以做到两全其美。你可以乐于助人，但不要以牺牲自己的利益为代价来满足他们的所需所求。

尽力而为。你要接受自己做不到十全十美的事实，认识到不需要把每件事都做得尽善尽美。出类拔萃固然可以实现，但大多数时候你只需要顺其自然，尽力而为，有这种想法并不羞耻。即使你不能做到事事皆出色，那也没有关系，但是，这并不意味着你可以不努力，尽力而为只是告诉你不出类拔萃也没什么大不了，特别是当你真的拼尽全力的时候。

找到乐趣、意义和目标。这些都是使家庭和谐的必备条件，找到这些，你才能安居乐业、幸福美满，才能开阔眼界、觅得良友，才能脚踏实地、仰望星空。你的自恋型父母能做到吗？如果为人父母能做到这些，孩子为何不快乐？你认为找到这些会如何充实你的生活？

让生活变得更有价值。做一些积极向上的事情，比如多关注下一代的健康、另一半的健康、自己的健康、多帮助他人等。在乎某些东西并不意味着过分关注、渴望地位、权力等，因为从长远来看，这些东西毫无价值。你要决定自己的生活，你想过什么样的日子，就努力去实现它。

把自己的看法、观点和要求放在更重要的位置上。意味着你无须再试图满足自恋型父母不切实际的要求，你要把重点放在

"我是谁""我该做什么"上。当然，这并不意味着你会变得像父母那样以自我为中心，相反，你能学会反省，学会照顾自己。你为自己和他人做事是因为你想做，而不是因为你觉得自己有义务或不去做就会感到内疚。你要尽力掌控自己的内心。

总结

本章重点介绍了八大策略，你可以采取以上介绍的技巧或行为来抵御自恋型父母的言行举止带来的毒性伤害。这些策略都是积极有益的，能够帮助你建立一个更强大、更有韧性的内心，让你积极面对生活。自恋型父母对你的不良影响可能会损害你的人际关系，破坏你建设性地思考问题的方式。所以，最重要的是你要改善你对自己的评价。我们鼓励你按照本章中提供的建议展开练习。

本章练习

视觉化展现

找一个安静的地方，闭上眼睛，想象一下：假如你成了自己想要成为的人，你会有什么感觉、会做什么、在生活中会如何对待重要的人？

写作

列出你认为自己能掌控却非常浪费时间的事情，越棘手越好，用一句话概括每件事，并列出你可以采取的行动，以提高效率。

绘画 / 拼贴

材料：一张纸、蜡笔或彩色铅笔。

用一种颜色描绘自己的形象（绘画或拼贴都可）。颜色自选，可选择渐变色，以展示出你的多样性。例如，如果你选择蓝色，那么色度的范围可以包括从浅蓝色到深蓝色的区域，然后在颜色上写下你的目标。

第七章

强化自我的策略

引言

　　你可能很少意识到或从未察觉到自己的自恋行为和态度。但其实，你的一言一行、所思所想，都暗藏着自恋因素。你无法理解这些行为和态度造成的所有负面影响，正如你的父母无法察觉到或理解自己的自恋行为和态度会造成什么后果一样。你或许曾经尝试过让父母注意到这些问题，但他们毫不理会，甚至对此不屑一顾或矢口否认。你可能也很难理解为什么父母无法意识到这些行为和态度，但这种认知缺失确实是存在的。父母根本不能像你或其他人那样看得那么清楚。当局者迷，旁观者清，你也如此。正如你的父母一样，你同样也意识不到自己的自恋行为和态度。

　　如何减少或消除自恋的行为和态度呢？第一步：承认自己有自恋行为和态度。第二步：告诉自己，要对此有所察觉，才能减少或消除这些不良的行为态度。务必牢记，罗马不是在一天之内就拥有了辽阔的疆域的，凡事都有个循序渐进的过程，但只要功夫深，铁杵磨成针。因此，在成长过程中，要对自己保持耐心，这有利于你的个人发展。

已经完成或至少已经做到第一步和第二步后，接下来你要明确自己究竟想要改变什么、想要往哪个方向发展。前面的章节提供了如何开始改变的相关信息和一些策略，本章将提供一些建议，帮助你改变特定的自恋行为和态度。本章将介绍 12 种主要的行为和态度，它们不一定与你的行为和态度完全对应，但你可以根据本章内容将自己的行为和态度按照轻重程度分门别类，结合自身情况和所处环境，制订专属的个人行动计划。本章介绍的行为和态度具体包括：

- 特权感——一种表现傲慢、蔑视和优越感的态度；
- 寻求他人的注意力——确保自己始终是被关注的焦点；
- 渴望得到赞赏——渴望得到外界的认可和尊重；
- 狂妄自大——无意识地表现出对自我认知的膨胀和对自己不切实际的评价；
- 内心匮乏——表面上气势十足，内心却十分泄气、自卑；
- 缺乏同理心——无法理解或同情他人的感受；
- 恶意的自我延伸——毫无自知之明，不尊重自己和他人的心理边界；
- 喜欢与众不同——过分希望自己与众不同、标新立异；
- 剥削别人——利用他人谋取个人利益；

- 肤浅的情绪——无法体验或表达除恐惧或愤怒以外的深层情绪；
- 内心空虚——本质是内心空虚；
- 嫉妒——认为别人低你一等，他们不配得到你想要得到的东西。

既然你已经意识到了这些自恋的行为和态度，接下来你就可以开始减少甚至消除其中的一部分。

特权感

特权感指的是你觉得自己应该被优待；别人应该原谅你的失误和过错；你伤害别人不需要承担后果，也不用觉得羞耻和内疚；你觉得自己可以对别人说任何你想说的话，做任何你想做的事，而且他人不能拒绝；你应该得到大多数或者所有的奖励，你犯的错不应该受到惩罚等。你有这种想法，是因为你觉得自己应该被特殊对待，别人也应该同意你拥有这种特权。这种态度表明你对别人的情绪不敏感，意识不到别人的存在，不认为别人有价值，认为别人能够主动意识到你的特殊性和优越感。

请反思：为了尽量避免无意识地表现出特权感，你应该意识到自己的行为对别人造成了何种影响，重新审视自己对别人的看法，放弃认为别人应该如你期望的那样对待你的想法。

寻求他人的注意力

寻求注意的行为和态度包括以下几种：

- 在不适合喧哗的地方大声讲话；
- 进出非常高调，引人关注；
- 穿得花里胡哨或者突出展示身体的某个部位；
- 抢风头；
- 找碴；
- 打断别人的谈话；
- 给别人透露口风或挖陷阱。

之所以做出这些行为是你为了获得外界的肯定，以证明自己很重要、与众不同、比别人强，确定自己的存在感和价值。没有别人的注意，你就会怀疑自己，会感到焦虑甚至恐惧，这种不舒服的感觉会驱使你寻求他人的注意力。

请反思：你能否自我肯定，不再依赖于得到外界的认可？你可以试着主动察觉自己引人注意的行为，比如大声说话，并且努力改掉这些行为。

渴望得到赞赏

渴望得到赞赏指的是渴望自己的优秀和价值得到肯定，具体行为包括吹嘘、自夸、寻求赞美等。以下是你自认为自己具有的品质：

- 比别人优越；

- 有才华、有能力；

- 比别人更富有；

- 功成名就；

- 家庭背景显赫或人际资源广泛。

诸多例子展现了这类人渴望得到赞赏的行为态度。渴望得到赞赏并不是说成就不值一提，而是提到自己的成就是为了获得别人羡慕的目光。渴望成就感是值得鼓励的，但是渴望得到赞赏的人往往不满足于这种成就感，而是去主动寻求、要求别人肯定自己、赞扬自己，甚至希望别人嫉妒自己。这是一种自恋的行为，应该尽量改正。

请反思：你可以称赞自己，但是需要改正自吹自擂的习惯。如果你真的觉得自己才华横溢，做过不少非常了不起的事，自己知道就够了，无须外界的肯定。

狂妄自大

如果一个人无意识地表现出对自我认知的膨胀和对自己不切实际的评价，这说明他 / 她很狂妄自大。自大狂往往意识不到自己的问题，即使被别人明确指出来，他们也抵死不承认。狂妄自大其实是一种过分估计自己价值的表现，这种人感觉自己比别人强，意识不到自己的缺点和能力上限。这里讨论的不仅仅是那些显而易见的自大行为，而更关注那些看似合理，实际却不合理、不现实、不合逻辑的想法或观点。能体现这种微妙的、自我夸大的行为态度有：

- 进入一个场合，立刻介入其中，掌控全局；
- 承担过多的责任，即使你已经无暇应对，也不愿拒绝别人的要求；
- 认为自己做的事比别人做的事更好；
- 想成为超人；
- 骄傲自大；
- 蔑视别人，觉得别人不如自己；
- 看不到他人想法的可取之处；
- 所有的事情都要"亲力亲为"。

你可能觉得自己没有上述的狂妄感，但其实很可能是因为你没有注意到。

请反思： 诚实地评估一下自己的行为态度是否与上文所述的情况符合。如果你认为自己的某些行为态度符合上面的描述，那就请努力改正。你还可以使用其他有助于心理成长发展的策略，帮助自己减轻狂妄自大感。

内心匮乏

内心匮乏是指感觉自己一无所有、被忽略、被轻视、没有得到公平的培养或对待。其中最重要的是你的感受如何，而非实际发生了什么。比如，你可能确实一贫如洗，但是你无须觉得自己一无所有；或者你可能确实没有得到良好的培养，但你并没有因此损失惨重。

我们先假设大多数情况都是真实的，也就是说，你确实被不公正地对待、被忽略、被轻视。但是，与其自怨自艾，不如采取更有帮助和建设性的行动。扬长避短，把自己的想法和精力转移到生活中的积极面，努力争取公平的待遇，尽力赢得应得的认可，而不是让自己一直深陷痛苦的泥潭。

请反思：是否有人说你总是抱怨，即使你觉得自己只是在讨论自己的境况，并非是抱怨？你是否总是怨声载道、郁郁寡欢？你是否更关注生活中不顺心的事，而忽视了积极、愉快的部分？你可以试试以下方法：花一个月时间，每天写下当天遇到、碰到、感觉到或经历的三件快乐的事，月底再拿出来看看自己写下的这些快乐的感觉，并将它们珍藏起来。

缺乏同理心

缺乏同理心是非常典型的自恋行为，会对人际关系造成非常负面的影响。同理心是指深刻理解别人的感受，不仅要倾听别人的诉说，还要理解这些话语的深层含义。听到对方说什么很重要，但对方真正要传达的信息隐藏在情绪之中，你能否与别人共情取决于你能否理解别人言语中真正想传达的信息。没有同理心的人会发现自己的人际关系不是特别好，亲密关系也是如此。

退一步讲，没有人可以随时对别人产生同理心，即使是天赋异禀或经验丰富的心理咨询师也做不到。有时敞开心扉接收别人的情绪非常危险，尤其是当你非常容易被别人的情绪感染，或者没有足够坚固的心理边界抵御外界情绪的侵袭时。然而，既然你已经成年，至少具备了一定的能力进行积极健康的自我反思，那么你就可能在某些时候对别人产生同理心，这个话题我们将在第九章谈到。

请反思：你真的是在关心或倾听别人吗？在倾听的过程中，你是否会分心想别的事情，比如下一句该接什么话？你能否察觉到别人的言外之意，还是更关注自己的感受？

恶意的自我延伸

自恋的人只能模糊地感觉到其他人是独立的个体，但总是无意识地认为别人的存在是为了服务自己。婴儿、儿童也会有这种想法，但是自恋的成年人会在这种想法下采取行动。他们观察所有的事物都是从自己的角度出发，好像只有自己是真实的，别人都是影子，任由自己支配。

恶意的自我延伸可以解释为什么这些人不尊重别人的界限。

他们无法意识到别人的界限，因为他们觉得别人是自己的延伸，别人的存在要经过他们的允许、受他们控制，因此，别人应该毫无异议地听从他们的指令。反映自我延伸的行为态度包括：

- 未经允许就擅自拿别人的东西；

- 没有和家里人商量就安排家庭聚会；

- 替别人做决定、做选择，即使别人完全有能力自己做决定；

- 没有敲门或未经允许就擅自进入别人的房间；

- 未经同意就触碰别人（尤其是孩子和孕妇）；

- 问一些隐私问题，比如："这个多少钱？""你打算什么时候结婚？""你为什么不要孩子？"

请反思：你是否有意无意地在侵犯别人的界限？你是否尊重别人的私人空间？当你侵犯别人的界线或者你的界限被侵犯时，请试着理解这一点。

喜欢与众不同

每个人都希望被认为是独一无二的、有价值的。然而，自恋的人把这种需求发挥到了极致——要求所有人都把他／她摆在第一位。这种人觉得自己的工作水平、作品、才能、地位远远高于其他人，别人永远也不可能达到他／她的水平。所以，这种人确信所有人都应该认识到他／她的独特性，对他／她毕恭毕敬。这种人极其自恋，甚至可以做到无视、不尊重别人的需求，意识不到别人也是独特的、有价值的。反映这种特点的行为态度包括：

- 随时夸耀自己；

- 总是指出别人的错误和缺点；

- 总是对别人指手画脚；

- 拿别人的短处和自己的长处做比较；

- 责怪别人碍自己的事；

- 指导别人怎么可以做得更好；

- 期望自己能够被选中、被夸奖，自己的成就最先被发现。

自恋的人不懂得欣赏别人，认为自己是世界上独一无二的。这种人意识不到自己的行为态度会对别人造成影响。

请反思：你知道自己是独一无二的，但你是否能充分意识到别人也是独一无二的呢？你是否总是夸奖自己，但意识不到别人的成就？如何才能更好地理解自己的言行举止？

剥削别人

剥削就是通过利用别人来使自己获取利益。如果你存在这种行为，往往是因为你认为别人没有价值，别人存在的价值是为你服务，别人都不如你。有破坏性自恋模式的人，会想方设法地利用别人，和他们最亲近的人往往被利用得最多，因为双方的亲密关系加剧了这种剥削行为。自恋的人利用别人的关心和善良，借助别人想要取悦他人、渴望被肯定的性格特点来达到自己的目的。这些行为虽然满足了破坏性自恋模式者的需要，但对他人是有害的。剥削别人的行为包括：

- 借钱不还；

- 希望别人帮助自己，自己却不愿帮助别人；

- 为一己之利，督促、劝说、哄骗别人做一些对他们没有好处的事；

- 欺骗、扭曲、误导别人来获取优势；

- 使用"如果你爱我""如果你在乎我"等句子哄骗别人做他们不愿意做的事。

你可能还知道许多其他的剥削行为，如果你有一对自恋型父母，你或许会对此感触颇深。你的父母是否有或者有过以下行为？

- 希望你放下手头的事，为他们服务；

- 希望你优先满足他们的需求；

- 把他们的不适、不顺心全部归咎于你；

- 让你内疚，让你感到羞愧，从而操控你做不愿意做的事；

- 批评你不体察父母的想法，指责你未满足他们的要求；

- 希望你不辜负父母对自己的期望。

现在，让我们把这些行为态度扭转过来，看看你是如何剥削别人的。你肯定不认为自己剥削过别人，但这可能只是因为你没有意识到自己的行为和态度。看看上面的两个清单，反思一下你对自己的家人、同事、爱人、朋友的所作所为是否和上述行为相吻合，这些都是你要努力改变的行为态度。

请反思：你有多么想要胜过别人？为了胜过别人你愿意付出什么样的代价？你是否利用自己和别人的关系来获得利益？你是否尝试让别人按照你的想法做事？你是否能够敏感地意识到自己可能在剥削家人、同事、爱人、朋友？

肤浅的情绪

成熟自恋的成年人能够体验和表达出多种深刻的情绪。相比之下，未成熟自恋的成年人在体验、表达情绪方面的能力非常有限。他们能感受到的情绪仅限于恐惧和愤怒，他们深谙形容情绪的各种词汇，却体验不到相应的情绪。除了各种不同程度的恐惧和愤怒，他们表达的情绪都不是真实的。

请反思：回顾一下你至今体验过的情绪，是否和以下几种情况相吻合：

- 很少公开、直接地表达自己的感受，能说出口的大多是负面感受；
- 从不与别人交流自己的感受，不论这些感受是正面的还是负面的；
- 情绪体验少或没有情绪起伏；
- 对形容情绪的词汇知之甚少。

请反思：是否过于关注负面情绪？是否想要加强积极的情绪的体验和表达？是否想要扩大自己表达情绪的词汇量？

内心空虚

这个状态很难形容，空虚往往被定义为缺乏某种东西，心理上的空虚也是一种缺失，而且这种空虚没有明确的界线，因此更难形容。说白了，就是什么也没有。以下描述虽然没有完全捕捉到自恋的人空虚的内心，但也使其有迹可循。内心空虚的人不仅内心一片虚无，还缺失以下部分或全部特点：

- 与别人建立有意义的关系；
- 与外界建立联系（包括灵感和精神）；
- 能够体验到深刻、多样的感觉；
- 能够理解别人的经历；
- 同情心和怜悯；
- 能够欣赏美，抱有好奇心；
- 知道自己是独立、独特的存在，认为自己有价值、有意义；
- 爱自己、爱他人的能力；
- 能够为了别人而超越自己。

一个内心空虚的人不知道还有其他状态的存在，他们认为别人和自己一样，都是空虚的。他们内心缺乏的东西只能自发产生，无法从外界获取。有的人甚至意识不到自己缺失了什么，只想着需要一些东西来填补空缺。

许多不是破坏性自恋模式的人也会感到空虚，但是他们能够意识到自己缺失了什么，并且能够想办法弥补。破坏性自恋模式的人虽然能够感受到内心的缺失，但不知道究竟缺失了什么。他们认为别人有自己没有的，他们尝试过去争取，却屡屡失败，因为他们不知道自己想要什么。有些人会用其他活动来代替反思和自我成长，比如：

- 滥用药物；
- 盲目地皈依于某种"召唤"，比如宗教或者某位有魅力的人；
- 赌博；
- 暴饮暴食或者过度节食；
- 冲动消费；
- 沉溺于市民运动、社会活动等来打发时间。

事实上，空洞无法被这些活动填补，但是这些人仍然想方设法地对抗空虚。

基本上每个人都有一些空虚和空洞的时刻，以下方法可以让你预防和克服这种空虚感：

- 有意义的、让人满足的、经得起考验的人际关系；

- 找到生活的意义和目的；

- 富足的、让人满足的精神生活；

- 通过帮助和接触别人来丰富他们的生活；

- 让自己变得更有创造力、更有同理心、更有智慧。

请反思：你能意识到自己的空虚吗？你是使用建设性还是破坏性的方法来填补自己的空虚？怎么做才能充实自己的生活？

嫉妒

嫉妒就是想要拥有别人拥有的东西，并且觉得自己比别人更值得拥有这样东西。这两种思想都会让人心生嫉妒，但后者的危害性更强。想要某样东西可能是一种内驱力，也可能是一种挑战，促使你去努力争取。例如，如果你想升职，那你可以努力工作，做该做的事；如果你想要财富，你可以想方设法地赚钱、攒钱。如果你满怀动力，愿意去争取你想要的东西，你就可以在想法和行动之间建立起联系，确定成功的方向并努力去实现，培养技能，实现目标。这些方法无一不积极向上，并且在大多数情况下都切实可行。

然而，如果你在渴望获得某样东西的同时，还伴随着对另一个人的怨恨，觉得对方不值得或不配得到这样东西，觉得对方抢了一些理应属于你的东西，你就开始进入消极的嫉妒状态。更糟心的是，你不努力去争取你想要的东西，而把时间和精力耗在怨恨那个人上，总是纠结自己是如何受到不公平待遇的；或者，你会思考如何才能让其他人相信那个人不配得到你想要的东西，他/她不该争取。这种愤愤不平的感觉会逐步侵蚀你的自尊和心灵。

即使你的这个想法是正确的，你确实比他/她更值得拥有这样东西，那也不会对你有任何帮助，也实现不了你的目标。愤愤不平的心理对你毫无益处，只能持续不断地对你造成负面影响。不管值不值得，其他人不会因为拥有你想要的东西而对你做任何负面的事情，只有你自己的负面情绪才会阻碍你成功的步伐。

请反思：假如你羡慕别人拥有某样东西，你愿意放弃什么来换取它？例如，如果你羡慕别人得到了你梦寐以求的晋升机会，你愿意放弃陪伴家人或休息时间来争取这个机会吗？你们的关系会受到怎样的影响？

确立目标以减轻自恋程度

明确目标，并清晰地表达出来，从而改变你自恋的行为和态度，做到自我反省，这种方法不失为一剂良药。自我反省在此处指的是你的思想、行为和感觉都能让你处于满足状态，当你觉得必要时，可以以他人的幸福为先。假如别人的需求确实远大于你，你可以奉献自己，尽力帮忙，但不会为了照顾别人而牺牲自己的情绪。你会顾及自己的内心，保护好自己，与此同时向他人伸出援手。而且你能避免"以自我为中心"的这种潜意识的想法，尽量少做出自恋型行为，转而认识到他人是有价值的、独特的、独立的，是与你截然不同的个体。

以下是一些改变行为的目标和建议。改变行为，你的态度也会随之改变。试着具体想想你该怎么做、怎么说，明确自己是否已经减轻或消除了自恋的行为和态度。请记住，你可能还未意识到自己具有自恋的行为和态度，所以你更应该仔细考虑以下建议。

自恋的特征	改变的建议
特权感	按秩序行事；不要发号施令；不要指望别人为你做你力所能及的事；无功不受禄
寻求他人的注意力	让别人注意你，而不是主动寻求关注；进出时保持安静；不要打断别人；降低说话音量
渴望得到赞赏	专注于个人品质和个人成就带来的愉悦感；不要自吹自擂；不要主动博取赞美；不要总是向他人讲述你的故事
狂妄自大	承认并接受自己的局限性；学会拒绝，保持自己的立场；反思自己是否需要超越别人，减少或消除优越感
内心匮乏	不要发牢骚，对可以改变或解决的事情采取行动，对无法改变或解决的事情释怀
缺乏同理心	增强同理心；保持沉默，学会倾听；关注说话者；试着去理解说话者真正想要表达的意思
恶意的自我延伸	建立强大而有韧性的心理边界；尊重他人的权利和私人空间；尽量不要请求帮助；不要指望别人听从你的命令；提出请求时语气要委婉，不要发号施令
喜欢与众不同	欣赏他人的贡献；认识到每个人都很特别
剥削别人	独立行事，知恩图报，公平待人，不要说谎、欺骗他人、歪曲事实或误导他人
肤浅的情绪	制作一个情绪用语的列表，尝试每天学一个新词；定期回忆你之前的经历，并试着表达出这种感觉
内心空虚	完成本书中的相关练习，践行利他行为，反思自己可能存在的"漏洞"
嫉妒	学会欣赏别人，并努力实现自己的目标

超越自恋：寻找人生的意义和目标

一旦你开始减少自恋行为，开始建立健康成熟的成人自恋（包括自我反省），你会希望挖掘出更多的人生意义和目标。这些意义和目标丰富了我们的人生，让我们与外界接触，学会享受生活。此外还有许多积极的好处，例如，减少或不再被孤立、被排挤，不再感到绝望无助，接纳自己，对自己和他人有着更切实际的期望，认清自己的责任和界限，更加专注，更加脚踏实地。

你可能需要花一些时间来反思自己究竟是否有明确的人生意义和目标，是否知晓自己对哪里满意、对哪里不满意，以及应该如何采取行动使自己对生活的意义目标更加满意。你可能对理想的生活有更好的认识，也明确知道了该如何达成目标，接下来让我们看看你的努力会为你带来什么好处。

降低孤独感和疏离感

孤独感、疏离感表示你在心理和情绪上感觉自己与别人有距离，觉得自己孤身一人，经常独来独往；感觉人生没有方向，没有意义，没有目的；无法看到自己能做什么积极的改变。这种"症状"类似于抑郁症，但没有抑郁症的临床表现和生理迹象。每个人都能体验到这种进退两难的状态，但这种心态并不是持续的，只是暂时的，当你对人生的意义和目标不满意的时候，它就会出现。

孤独感和疏离感就像一个人在宇宙中漂泊，不知身处何处。

你体会不到以下感受：

- 有意义、有满足感的人际关系；
- 享受、愉悦、高兴；
- 自己被需要；
- 自己的贡献得到认可，对别人有帮助；
- 自己有能力，在生活中的各个方面都能得心应手。

假如你无法体会到上述感受，你就会觉得与别人失去了联系，而且这种感觉会持续加剧，最后转化为孤独感和疏离感。

有勇气与绝望、无助、无望做斗争

绝望的初始版本是灰心、沮丧；无助的初始版本是觉得自己无能为力；无望的初始版本是万念俱灰、前途渺茫。我介绍这些初始版本是因为你可能还没有体验过这些强烈的情绪，却被这些情绪的初始版本折磨。这些情绪会阻碍你体验生命的意义和目的。

这里的绝望、无助和无望指的是对自己能力和自己对周围的掌控能力感到无助和绝望。感觉没有控制力会导致你觉得沮丧、忧郁或者绝望，这时候我们需要回顾一下之前对于自我延伸的讨论，因为这可能有助于加强你对自己掌控能力的感知。恶意的自我延伸是认为别人应该在自己的控制之下，如果别人没有按照你的愿望行事，你就会觉得自己没有能力。你无法接受别人从始至终都不在你的控制之下。你对别人有一些不切实际的期望，你需要改变这些，才能完全地、包括在无意识层面认识到自己是与别人分离的、独特的个体。接下来，你就会放弃让别人按照你想法行事的幻想。

生活中有许多事你无法控制，比如经济状况、才华和能力，别人如何做、如何说等。有些事情太纷繁复杂，任何人都无法控制，比如战争。你必须有清楚的认知，明白哪些事情你可以控制，哪些不能。当然，即使做出了改变，你可能仍然会感到泄气，但你不会再绝望、无助、无望。首先，你必须放弃以下幻想：

- 让别人爱你；
- 让别人改变；
- 期望世界永远公平、正义；
- 期望得到特殊对待；
- 控制别人如何说、如何做；
- 认为自己是全世界的焦点。

接受自我，做出积极改变

读到这里，你可能已经意识到了自己之前隐藏的一些负面情绪，为自己的某些品质感到不安、羞愧，也发现自己有一些行为态度需要改变。不用担心，每个人都会有这种感觉，每个人都有成长和改变的空间，这是发展成人的健康自恋的必经之路。

你所面对的挑战是接受真实的自己，因为你需要改变。不要否认、轻视或者夸大你的任何一种性格，也不要灰心丧气，这会阻碍你的进步。把注意力和精力集中在积极的一面，尽量忽视自己的负面特点，这会对你有帮助。

和自己沟通可以帮助你接受自己。积极的自我沟通不是忽视自己的错误和缺点，也不是用它们找借口，而是主动寻求改善，积极地做出改变。面对失败和挫折，对自己有耐心、坚持下去很重要。试着用下面的话和自己沟通：

想法和行为	和自己沟通的话
你做某事并不完美	这已经足够了
你犯了一个错误	下次我会做得更好
你失败了或遇到了障碍	我会更加努力
你认为自己成功不了	我会尽我所能做到最好
你觉得自己要对别人的感受负责	我不需要总是照顾别人
你能意识到自己的行为和态度很自恋	我正在努力改变，我将改善其中的许多问题
你对自己的进步感到担忧或沮丧	尽力而为，我将继续为自己努力

期待更切合实际的事

你对自己、对别人的期待应该要切合实际。比如，你追求十全十美，并且把这种要求强加到别人身上，期望别人也完美，这种期待是不现实的，会导致你：

- 一出错或某事没做完美就感到自责，或把错误归咎于别人；

- 期望没有被满足时，你的言行举止会对你的人际关系产生负面影响，你无比希望对方能领会你那些"假大空"的期望；

- 自觉内疚，并且会把这种情绪传递给周围的人；

- 一直处在焦虑状态，害怕犯错误。

这些负面影响会影响你的身心健康、自我认知和人际关系。

期待就是指"应该"或"理应"发生的事。比如，你可能觉得某个人"应该"按照你的方式做事，但其实他们按照自己的习惯做事也完全合理，比方说用洗碗机洗碗时如何摆放厨具的位置。甚至，你幻想着别人会读心术，就算你一言不发，他们也"理应"知道你想要什么，"理应"满足你的需求。别人猜对了，你会非常高兴；别人不理会你，你就会感到受伤。

从另一个角度看，对自己有高期待是合理的。但是请注意，这里说的是高期待，而不是不切实际的期待。比如，努力追求完美没有什么错，但是不仅期望自己是完美的，而且也要求别人是完美的（二者往往并存），无法接受白玉微瑕，这就是负面的、不切实际的要求。能达到十全十美的人凤毛麟角，你因此对自己、对别人不满意，你的人际关系也会因此受到伤害，因为别人不会像你那样追求完美，他们更倾向于顺其自然，尽力而为就好，并且会继续努力。后一种思维模式不会让人内疚，不会让人感到被指责，也不会有持续的焦虑和不满的感觉。为了不被这些情绪侵扰，你应该对自己和他人抱有切合实际的期望。

认识到个人责任的局限性

个人的责任是有限度的，如果你不能内化这个观点，就不能完全意识到自己与别人是分离的独特个体。进一步说，你可能总是受到不必要的指责，并因此感到羞愧，认为自己无能为力，总是试图控制自己不能控制的人、事、物。这个问题和心理边界也有关系。理想的心理边界应该是坚韧的，但你的心理边界非常柔软、脆弱。我的另一本书《这又是谁的生活？放弃照顾别人的情绪，开始学会照顾自己》（*Whose Life Is It Anyway? When to Stop Taking Care of Their Feelings and Start Taking Care of Your Own*）对这个问题展开了深入的探讨，并提供了一些策略帮助你构筑坚固的心理边界。

以下一些例子能帮助你认识到个人的责任边界：

- 当别人说你让他感受到某些负面情绪时，你是否会道歉，并解释你的本意不是如此？
- 当别人让你做你不愿意做的事情时，你能否为自己说话？
- 你是否曾为了取悦他人，不让他人失望，而违背自己的为人准则、道德标准、价值观等？
- 当有人觉得不自在时，你是否也感觉不舒服（比如感到羞愧或内疚）？

- 你是否常常为了照顾别人的情绪而牺牲自己？
- 你是否为了不给别人增添负担，而压抑自己的感受和需求？

如果上述描述中的大多数或全部符合你的情况，那么你确实承担了一些不必要的责任。你不知道、不接受或者意识不到自己的责任是有限度的，你也需要别人的照顾。这并不是说你不应该机智圆滑，通情达理，体察别人的感受，你可以这么做，你的行为方式也确实可以提升人际关系，但是如果上述行为、情感和态度过于越界，你过分渴望与他人建立关系，就会忽视自己的情绪。比如，别人的某种情绪并不是你引起的，你也无法控制他人的情绪变化。诚然，环境因素可能会导致情绪波动，但那是别人的感受，你无须对此负责。

更加专注，脚踏实地

本章的重点在于教你减少自恋的行为，并且告诉你发展强大内心的益处。下一章我们将讨论这些益处，以及其他能使你变得更专注、更脚踏实地的方面，包括：

- 你不会迷失方向、偏离正轨，也不会去做那些对有意义、有目标的生活或自身幸福没有建设性和益处的事情；

- 按照自己的价值观行事，不受别人控制；

- 遇到麻烦或危机时不会逃避、崩溃或者感到被孤立；

- 在非常艰难的处境中仍然保持自我；

- 可以独处，不会感到孤独；

- 选择那些可以互惠互利的人际关系；

- 选择想要努力的方向，发挥自己的长处，改变自己；

- 抵抗绝望、无望、无助等感觉，不会被负面情绪湮没。

当你更加专注和脚踏实地时，就可以跨越生活中的沟沟坎坎，对自己充满信心，相信自己可以克服一切困难。即使没有达到预期的成功，你也会尽全力做到最好。你能对自己满意，喜欢自己，接受自己的不完美，不会因此感到内疚，也不会不惜一切代价隐藏自己的不完美，可以允许别人自主管理各自的生活、想法和情绪。总之，专注和脚踏实地对你和你的生活有很多积极影响。

专注和脚踏实地还能在多数时候保护你不受他人自恋情结的伤害。你总会有个人成长和发展的需求，你无法保证自己永远不受伤害，但是你可以通过强化内心，发展健康的成人自恋，打造坚固、柔韧的心理边界来降低自己的脆弱程度。而且，专注和脚踏实地还有以下好处：

- 释放心中的不满和憎恨；

- 不内化、不认可他人的投射（拒绝投射性认同）；

- 接受、容忍别人与自己不同；
- 开启并维系有意义的、有满足感的人际关系；
- 生活有意义、有目标。

下一章将提供一些建议和策略来促进你成长和发展，让你对一些痛苦的回忆释怀，解决长期困扰你的问题。假如你已经消除了一些过去经历带来的伤痛和怨恨，对这些经历和一些负面影响也不再像原来那样情绪激动，这就说明你已经取得了非常重大的进步，你应该为自己的努力和成就喝彩鼓掌。长路漫漫，你已扬帆起航。

本章练习

写作

写一篇短文，描述快乐的一天的点点滴滴，越详细越好。

绘画 / 拼贴

材料：一张纸、一套蜡笔或彩色铅笔。

以"幸福"为主题创作一幅画，可以是抽象的（例如只画出快乐的颜色），也可以是具体的图案。

视觉化展现

找一个安静的地方，闭上眼睛，想象让你感到幸福的画面。

第八章

理想自我：确定你想成为
什么样的人

引言

　　一个人很难在瞬间做出改变。因为人是复杂的个体，内心本质由许多方面构成，其中一些你自己也不得而知。企图一下子做出重大改变可不是什么好方法，因为你肯定会失败，气馁在所难免。所以我的建议是，从小事做起，先做一些小的改变。随着你更加清楚自己的想法、态度、行为、自恋情结、优缺点、心理边界以及受自恋创伤的程度等，你的改变就会逐步加快。

　　接下来，本章将介绍一些改变的策略，帮助你强化内心，免受自恋型父母的伤害。本书的一些建议可能不适合你，你可以自由选择有用的建议。在尝试了各种建议后，你可以重新审视被你搁置的建议，看看当下是否有用。本章将提到六类改变策略：建立意识、降低自恋程度、多尝试自我反省、建立坚固而有弹性的心理边界、扬长避短、做最真实的自己。

建立意识

假如你已经完成了本书前几章的部分或全部练习，那就说明你已经开始培养自己的意识了，你也已经更了解原生家庭和童年经历对你的影响，比如你是谁、你的想法和感受以及你的心理边界是否坚固、是否有韧性，还有你的一些未形成的自恋心理。你已经开始探索是什么赋予了你生活的意义和目标，也知道了如何专注自己的内心并脚踏实地，这都是进步。你还可以做得更好，成为你想成为的人。

一个有意识的、认为自己一切正常的人，能够体验到生命的转瞬即逝，还能：

- 体验当下；
- 与外界有联系；
- 发现身边的美，对世界充满好奇；
- 感知身体发出的信号；
- 专注地倾听；
- 坦诚待人；
- 坚持自己的原则和标准；
- 接受现实；
- 体验、辨别情绪。

体验当下。你应该全身心体验当下。过去固然重要，也许还会间接影响现在，但过去不一定与当下有关。未来不可知，至多只能预测，对未来的猜想只是徒劳，会影响你体验当下。

请反思：此时此刻，你在生理上、情感上、心理上有什么感觉？

与外界有联系。感觉自己与外界有联系，可以让你觉得不那么孤独和疏离。你要知道，存在于宇宙中，远比自己独立生存更伟大，所以你要拥有爱与被爱的能力。有时你觉得自己会受外界波及，但其实你不会被任何尚不可控的未知力量摆布。宇宙的浩瀚的确令人生畏，但并不构成威胁。不要害怕自己只是沧海一粟，世界上还有许多未知的事物等待你去发现。

请反思：你会冥想或祈祷吗？你如何将自己与外界联系起来？你是如何振作精神的？

发现身边的美，对世界充满好奇。这种人善于看到希望，所以不会消极待事。如果在生活中你经常看到不公平的人或事，感觉自己无能为力，就会觉得无助和绝望。人总是很容易感知到生活中的负面信息，而忽视积极的一面，比如美和新奇的事物。请多关注周围，保持好奇心，寻觅日常生活中的美。

请反思：花点时间环顾周围的环境。你能看到或听到什么让你觉得美丽或愉悦的景象或声音？你最喜欢的颜色是什么？是什么激发了你的好奇心？看到什么东西会让你心生好奇？

感知身体发出的信号。这有助于你专注自我，脚踏实地，更好地洞悉自己的内心世界。你会知道自己有什么反应、为什么会有这样的反应、这些反应是否因为受到过去的影响……不管你的个性如何，哪怕你正试图改变自己的内心，你也可以清楚地感知到这些。

请反思：此时你的身体试图向你传达什么信息？你是否感到紧张或不适？请注意自己的生理状况，比如饥饿、口渴、困倦。

专注地倾听。当你拥有了这种能力，你会发现自己能够更好地集中精力，内心踏实，不会因为来自心里或来自外界的烦恼而分心。这种能力可以让你在与人交流时捕捉到一些被隐藏的信息，从而更好地理解别人的处境。你不再会无休止地提问，而是感同身受地回应；你也不会分心思考其他事，或试着改变话题，而是把此时的精力和情感都倾注到别人身上。

请反思：你是否需要屏蔽干扰、调整身体方向、关闭或忽略电子设备？这些行动可以帮助你更好地与人深入相处。

坦诚待人。心理和生理需要保持一致。如果心里想的是一回事，说的、做的却是另一回事，那只能说明你表里不一。只有坦诚待人，在心理和生理上保持一种对称平衡，才能促进你的正念，加深你的意识。

请反思：你能记得一些你没有经过思考就行动的事吗？比如在某道菜里多放了盐，或者忘了放糖。

坚持自己的原则和标准。选择你相信的、符合你价值观的事，而不是在别人的"教导"或者强迫下行事。这不是让你抛弃过去的标准和原则，你也可以保留这些原则，但是要有意识、明确地选择，而不是盲目保留，还要增加一些新的规则和价值观，更好地完善自己。

请反思：当你感到内疚或羞愧时，当时的行为是否符合你的价值观、标准或原则？当你的行为符合你的价值观、标准或原则时，你的感受如何？

接受现实。接受现实，不过分美化生活中积极的一面，也不否认消极的一面。当你对现实的认识有所扭曲时，你能够清醒地意识到，这些消极面不会被忽视，也不会被夸大。接受现实是一个成年人应有的品质，是行事的动力源泉，接受现实之后，你会让现实尽量朝着积极的方向发展。

请反思：现实并不总是处处有欢喜，有些人即使面对铁一般的事实，也不愿做出改变。如果你能意识到这一点，就会明白有些幻想、愿望和梦想终究是镜花水月。假如你能够以更有建设性的方式行动，做出更好的决定，并能发现解决问题的其他选择和可能性，对自己和他人都有好处。

体验、辨别情绪。这是一个重大的进步，可以促使你更好地理解自己、理解别人。情绪是多样且深刻的，你的情绪能帮助你理解当下的体验。虽然情绪不一定每时每刻都理智且合乎逻辑，但不代表情绪都毫无价值。

请反思：试着回想一下你这一整天经历过的所有感觉，这是不是很难？你能形容出全部的情绪，还是只能形容其中几个，或者一个也说不出呢？

降低自恋程度

发现别人的自恋型行为和态度相对容易，但看到自己的就比较困难。接受自己固然是合理的，但努力降低自己的自恋程度也很有必要，尤其是你能够察觉的、已经表现出来的、仍藏在内心深处的自恋情结。

常见行为和态度	可能对应的自恋情结
承担了太多任务和责任，感觉不堪重负	狂妄自大
夸大痛苦感，或总是怨声载道	寻求关注
轻视他人的问题或对你的关心，认为这些都微不足道	缺乏同理心
常常怀疑自己	内心匮乏
生活中缺乏意义和目标	空虚
感觉只有自己受到了不公平的对待，错失良机	嫉妒

这些例子表明，自恋的行为态度不一定是强烈的，也可以是温和的。减少类似的行为态度，可以帮助你追求理想自我。以下一些建议将告诉你如何减少上述自恋的行为态度：

减少狂妄自大的感觉。当你开始感觉任务太多或不堪重负时，停下来，减少你待办事项清单上的任务数量，把其中的一些任务分给其他人或寻求他人的帮助。接受现实，有些任务不一定要做得很完美，尽力而为就可以了。

减少寻求他人的注意力。例如，直面自己的不适感，但在与他人交谈时尽量回避这个话题，除非对方能帮助你缓解不适。

增强同理心。即使对方的担忧十分微不足道，你也要注意顾及对方的感受。也许你无法提供解决问题的方法，但你可以照顾对方的情绪。

增强自我意识。每当你陷入自我怀疑、自责或自感能力不足时，多用一些积极的话鼓励自己，告诉自己你有竞争力、有能力、有优点，还可以告诉自己，你会努力改进，越做越好。

减少空虚感。生活中有很多可以探索意义、找寻目标的途径，比如以有意义的方式与他人联系、参与建设性的工作、寻找灵感、欣赏自己的世界。建议你参与一些积极的、能带来成就感的事情，做一些利他行为，真诚待人，欣赏每个人的个性。

不要嫉妒别人。很多人都会嫉妒别人的成就或才华。但是，与其在此处浪费时间和精力，不如把时间花在增强自己的优势、学习新事物上。嫉妒是需要付出代价的。

请反思：想一想，这本书中描述的行为和态度是否印证了你的自恋情结？例如，即使你没有意识到自己剥削别人，也可以思考一下如何才能不再做出剥削别人的行为。思考一下所列出的行为和态度，结合你想做出改变的那些方面，选择两三个建议（即使你认为自己没有表现出类似的行为和态度），采纳并应用这些建议。例如，即使你不觉得自己狂妄自大，也可以思考一下如何抑制狂妄的心理。

成人的健康自恋，不仅要减少自恋的行为和态度，而且还要多进行自我反省，这两者都是避免或降低自恋型伤害的关键。既要关注自己，又要走出自我，虽然这看似是一种悖论，但想要建设一个坚韧强大的内心，需要你不那么专注于自我，同时要多加反省自己。

多尝试自我反省

自我反省可以检查你的所作所为、所思所想的方式，以确定你是否无意识地表现出自恋的行为和态度。你的心理边界是否牢固有弹性？你是否忽视了他人的需求？你是否有陷入困境或不堪重负的境况？此时你的注意力正集中在自己身上，但这与自恋不同。阅读以下内容，区别自恋与自省。

自恋	自省
我做得对吗？	我做得不错，但我还能提高
我怕说错话	我想要做出适当的回应，并试着倾听对方的感受
我必须是完美的	我会尽力而为，但也可以接受自己并不完美的事实
我犯了一个错误，这太可怕了	我可以做得更好，也会做得更完美
每个人都必须喜欢和认可我，否则我肯定会被拒绝	我想要得到喜欢和认可，但不以牺牲自己的原则或价值观为代价

多自省、少自恋的第一步就是建立意识，想想自己在想什么、感觉到了什么。帮助你建立意识的策略有：

- 定期询问自己正在经历什么，给这些体验下个定义，贴个标签；
- 试图体会其他人的感受；
- 对自己的反应保持警惕，因为你很有可能受到了他人情绪的投射或转移的影响；
- 意识到你的感觉可能会误导你；
- 与他人接触时，提醒自己个人责任的限度。

你有权表达自己的感受，任何人都不能否认你的这个权利。这些感受属于你，也值得被尊重。当然，每个人都有自己不同的个性、原生家庭、童年经历、自恋程度、情感敏感度，所以这些感觉往往是在被误导的情况下产生的。你可能没有意识到，你的感受只是对当前的客观现实做出的反应，且无意识地受到了上述因素的影响。这种反应可以缓和你的情绪波动（一些负面情绪可能变得不那么强烈），帮助你做出更具建设性的回应；让你避免胡思乱想，不再瞎琢磨别人的言行举止背后的含义；帮助你学会关心他人，而不是只顾自己。

建立坚固而有弹性的心理边界

心理边界决定了你与其他人有何不同，保护你免受外部攻击，比如其他人投射给你的伤害。建立坚固而有弹性的心理边界可以帮助你学会拒绝，坚持自己的立场，防止你被欺负或被强迫去做你不想做或有损你个人利益的事情，不再受他人欺骗或误导。此外，建立坚固而有弹性的心理边界对以下所有能增进关系的想法、行为和态度都至关重要：

- 双方都应该理解并尊重对方的不同意见和观点。
- 接受别人没有义务为你服务的事实，尽量避免任何有意无意想要剥削或操纵他人的倾向。自己动手，丰衣足食，在维护良好人际关系的同时尽可能保持独立。
- 不要期望别人和你有相同的价值观、标准或信仰，要知道每个人都是独立、独特、有价值的个体，要学会求同存异。
- 降低或消除情绪的敏感度，这样你就不会被别人的言语或情绪影响，从而让自己过度敏感。努力让自己变得更加自信，相信自己的想法和感受不会被别人的情绪扰乱，你只是可以在不知不觉中捕捉到别人的情绪。
- 增强抵御外部攻击的能力，比如拒绝来自他人的投射。虽然这些攻击通常是无意做出的，但你可以适当增强自己的情绪敏感性，采取一些措施来缓冲这些攻击，在不损害自己利益，不违背自己价值观的前提下行事。
- 保护自己的内心，同时尊重他人。

以上所述都非常重要，最关键的是，足够的心理边界的力量可以防止你受到自恋的伤害。有了这些力量，你对别人的尖酸刻薄、批评指责就不会入耳入心，给自己造成伤害，也不会感到内疚和羞愧。你能更依赖于自我认知和自我价值观，它们是你为人处事的向导。同时，你也没有义务对他人的想法和感受负责。

建立心理边界需要耗费大量的时间和精力。所以，要有耐心，要有决心，要坚持不懈。自我反省首先要从自我评估开始，试着找出心理界限的阈值。例如，是否存在特定的某个人、某个时刻或某件事，会让你被情绪、他人的要求或期望影响，最终做一些违背意愿的事情？是否会因为你对别人太真诚，使自己压力很大，你的行为太顾及别人的感受，而忽略了自己的感受？这种自我反省的方法会对你很有帮助。

之后就是要降低情感敏感度，这样就不会有人硬碰你的刚硬型边界，不会让他人都轻而易举地接近你的柔软型边界，也不会有人突然靠近你的海绵型边界。有很多方法可以降低这种敏感度，你可以自由选择。以下是一些非语言策略：

- 和对方保持距离，你可以站着或坐着，离他/她远一点儿；
- 看着对方的额头或耳朵上方，或者干脆不要看对方，避免眼神交流；
- 环顾四周，再喊一个人一起聊天；
- 当你感觉到你的情绪正在被激化，或者有人试图操纵你时，转移话题；

- 双方之间摆一个障碍物，比如枕头、钱包、书等任何中等大小的物体；

- 当你开始微微有些不适时，赶紧离开或休息一下（比如去卫生间）。

其他诸如此类的行为可以在很大程度上降低你的情绪易感度，以及你不知所措或陷入困境的概率。

一旦降低了情感敏感度，你就要开始注重自己和他人的独立性和独特性。这才是心理边界的真正作用，才是你需要理解的真正内容。做到这一点实属不易，但如果你成功了，便可一生受益。

扬长避短

很多人都有自己尚未意识到、尚未发挥出来的强项，你也不例外。你总是强调自己的不足，不愿赞美自己的优点，你也很想克服这种妄自菲薄的感觉。我的建议是，把注意力集中在培养自己的优势上，扬长避短。这并非是让你忽视自己的缺点和错误，而是在努力改正缺点的同时，也要重新审视自己的长处，让优点成为你的资本。发挥长处比弥补短处要容易得多。在此过程中，你也能更好地接纳自己，从而更有力地抵御外界的攻击，如他人的贬损。

你的优点是什么？你是否忽视或根本没意识到自己的很多

优点？你是否和大多数人一样，认为只有别人注意到、赞美过的才算优点？千万不要这么想，你不能总是指望别人指出或赞扬你的优点。另外，有些缺点可能是掩饰起来的优点。比如，有些人认为太关注细节是缺点，吹毛求疵确实是缺点，但对于细节的关注却能让你大大降低错误率。事实上，在很多专业领域，关注细节是至关重要的（如术前准备、食物摆设、活动策划、文字校对等）。

以下还有一些例子：

缺陷或弱点	隐藏的优势
直言不讳	真诚，不会引起猜忌
固执己见	勇于坚持自己的原则和价值观，做事果断
白日做梦	富有想象力
优柔寡断	对未知的事情保持警惕

现在你已经明确了自己有哪些需要进一步发展的优势。发展这些优势，其实也是一种减轻、缓和甚至改进自己的缺点或劣势的方法。让我们回到"关注细节"这个例子，再深入分析一下。"关注细节"的优点是减少错误和失误。你可能在很努力地减少错误，但是你需要设定一个范围，明确什么是足够好的、可接受的，什么是不好的、不可忍受的。并且你要意识到，别人并不像你那样关注细节，所以要求别人也这么做是不合理的。换句话说，你要接受自己的这个特点，但不要期望别人也像你一样关

注细节。另外，所有事情都应有限度，切莫偏执于细节。

做最真实的自己

你可能会问，做最真实的自己意味着什么？如何做到这一点？做自己意味着每个人都是独立的、独特的，每个人都在自己的赛道上奔跑，你们有着不同的起点和不同的终点。这听起来可能有点抽象，但每个成年人都应心知肚明。也就是说，心理成熟的成年人需要做到以下所有事情：

- 审视自己的价值观、原则和标准，而非盲目接受别人的意见；
- 尊重自己，也尊重他人；
- 按照自己的个人道德标准行事，不会受到他人的不当影响，也不会为了取悦他人而选择忽视自己的需求；
- 认识到每个个体都是独一无二的，要尊重并宽容他人；
- 与别人建立有意义且令人满意的人际关系；
- 能够识别并拒绝有毒副作用的关系；
- 可以抵抗别人的控制或操纵；
- 很有创造力，而且在不断成长，不断变化。

接下来，我们来研究一下上述每一点，衡量你是否能成为拥有健康自恋的成年人。

审视自己的价值观、原则和标准，选择你认为最适合自己

当下状态的价值观、原则和标准。这个过程也会帮助你决定是否继续按照潜意识中的价值观或早期被灌输的价值观来行事。假如这些价值观与你现在的境况不匹配，你还会不会坚持这种价值观？其实，你可以有意识地放弃一些目前不适合自己的、与你理想中的自己相悖离的东西，坚持经过自我审视、自由选择的价值观。

在审视的阶段，你可以反思自己哪些行为违反了自己的价值观和道德要求，按照自己的价值观行事可以消除你内心的负罪感。

按照自己的道德标准和想法行事，当你的所作所为与你的价值观一致时，你能少走些弯路，消除内心的羞愧感。此外，你可以确保自己不会过度地受到他人的影响，不会为了取悦他人而拒绝或忽视自己的内心。行动胜于言辞，你应该时刻保持行动与信念一致。

你也应该多花点时间反思自己对于道德标准、品行标准的定义。道德标准是判断对错的标准，品行标准是判断行动、人格好坏的标准。

尊重自己，尊重他人。这听上去很简单，实践起来却很复杂。尊重是意识到每个人都是独立、特别、有价值的个体，每个人的生理和心理的边界都是可以被我们认知和接纳的，而行为是反应和传达我们接纳和认知的信号。请记住，有破坏性自恋模式、有自恋倾向但还没有达到破坏性程度、未形成的自恋情结的人，都认识不到自己和别人的界限。他们侵犯别人的界限，因为他们根本意识不到界限的存在，他们认为自己有权这样做，不用在乎别人的界限，也无法区分什么是自己的事、什么是别人的事。尊重自己的行为包括：

- 拒绝被操纵，不愿为了迁就或取悦别人而做自己不想做的、有损自己利益的事；
- 懂得说"不"，坚持自己的立场；
- 按照自己的价值观、伦理道德、原则标准行事。

尊重他人的表现包括懂礼貌、接受不同的观点和价值观、能够认识到他人的优点。请注意，不要认为表达了自己的观点、偏好，被别人倾听和接受后你就能够为所欲为。倾听和接受是他人对你表示的尊重，你不能要求更多。

建立有意义的人际关系。会使你的生活变得丰富多彩。这里的人际关系包含你所有的关系，包括家人关系、朋友关系、同事关系和其他社会关系等。有意义的人际关系包括下列要素：

- 相互尊重、相互接纳；
- 尊重彼此的心理界限；
- 同理心；
- 信任；
- 在表达情绪、愿望、需求、渴望时开诚布公、直截了当；

- 对于彼此的情绪、需求等具有敏感性；

- 互相给予支持和鼓励；

- 关心对方的幸福和身心健康；

- 依赖和责任。

人际关系会让人产生依恋感和社会参与感，会让自己感到被关心，知道自己是有价值的、是值得肯定的。有意义的人际关系会减少、消除你的孤独感和疏离感，帮助你抵抗压力，保护你的健康，人际关系的好坏也与一个人的坚韧程度、坚强和乐观的性格紧密相连。总之，有意义的人际关系的好处很多，作用很大。

拒绝毒性关系。一个人很容易陷入一段不满意的关系中，其中一些关系甚至可能是有害的。通常情况下，随着时间的推移，这段关系会开始变得具有毒性，或者对方隐藏了他们的毒性。但是你可能没有意识到这段关系给你带来的负面影响，你依然会关心那个人，想要维持这段关系，所以你会越来越努力地取悦对方，希望对方喜欢你、爱你、欣赏你和认可你。不知不觉中，你会为了维持这段关系，被迫妥协或放弃自我，而这也就是让一段关系变得有毒的原因。重要的是，当你认识到一段关系是有害的、消极的时，你要做到能够拒绝它，并专注于开启、形成并维持有意义的、长久的人际关系，只有这些积极的人际关系才能丰富你的生活。

其他因素，比如周围人对你的影响。仔细考虑他人的欲望和需求，不要把大部分或全部的注意力放在自己的欲望和需求上，这对人际交往非常有帮助。但是，你也不需要把别人的欲望和需要看得太重，以至于忽视了自己的欲望和需要，或者让自己受到控制、操纵或限制。你要在这之间找到并维持一种平衡。

找到并维持这种平衡的核心在于认识和放弃一些错误理念，比如你要做什么、你想成为什么样的人。以下一些是可能影响你的错误信念：

- 我应该是完美的，当我做不到时，我就会责备自己；
- 我永远不应该犯错误，因为错误是可耻的；
- 我要对别人的情绪负责，我必须保持警惕，确保他们一直保持积极的心态；
- 别人必须公平地对待我，假如他们不公平地对待我，那一定是我的错；
- 如果我被拒绝，那肯定是我的错，这意味着我有致命的缺点；
- 如果事情不按我的方式或者我的计划进行，那都是我的错，因为我做得不够好；
- 如果我爱一个人，那个人也必须爱我，这是他/她对我的回报，否则我就会被毁灭；
- 我渴望每个人都喜欢我、认可我。

很有创造力，而且不断成长，不断变化。不要让自己停滞不前，不要骄傲自满，故步自封，不要拒绝改变和成长。"亡羊补牢，为时不晚"，你要一直保持创造力，不断学习，不断成长，不断进步。这一切都是为了提升你自己，发展自己，爱自己。

只有细致观察你的世界，才能发现以前从未察觉到的东西，你需要借助作品和日常生活寻求新的表达方式，来增强自己的创造力。尝试新的过程，开发新奇的事物，用新的方式思考，都是创造力的一部分。如果你有兴趣，可以试一试有创造性的表演形式，体验一下它是如何在你体内释放、如何对你产生影响的，你得主动去摸索，而不是让它们来找你。你会发现，参与其中会让你变得更强大、更有创造力。

塑造内心。有很多方法可以丰富和建设内心，比如：

- 不要指望别人会拯救你、治愈你，要学会为自己的幸福负责，必要的时候才寻求帮助，接纳自己，尝试做出一些改变；
- 培养能催生出幸福感的希望、乐观和利他主义；
- 不要纠结于你无法控制或改变的事情。努力改变你可以改变的事情，不要太在意你无法控制的事件和情况；
- 经常学习新的东西，尝试用新的方法来处理日常任务，发挥创造力；
- 要有耐心，接纳自己。把挫折看作是学习的机会，并决心下次做得更好；
- 想象你想成为的人，并努力向其靠近。

要成为你自己，需要不断自我反省，坚定自己的信仰、态度和价值观。审视那些你目前拥有的东西，判断它们对你的生活是否有益，并思考这些东西对你的影响。这个过程可以帮助你摒弃那些在无意中被你纳入自身并付诸行动的品质，保留那些你认为适合你的品质，并发展那些你想拥有但尚未付诸行动的品质。

你可以尊重自己的独特性和价值，并将这些心理表现出来，也可以将这种尊重和接受延伸到他人身上，接受个体差异，允许所有人都做自己。个体的不同并不会对你构成威胁。

做最真实的自己还能给你带来以下积极效果：

- 变得不那么依赖他人的认可，减少了对外部认可的需要，当你没有得到这些认可时，你也不会失望；
- 更好地控制和管理自己的焦虑，这样你的行为和态度就不会加剧你的焦虑感，也不会让你的行为与你的价值观和道德准则背道而驰；
- 重视别人的意见，倾听并反思他们告诉你的事情，但还是遵从自己的本心做事；
- 利用你对自己和他人更深层次的理解，激发创造力，促进人际交往，专注自己的内心，脚踏实地。

所有的这些积极因素都值得你为之努力。读完上述内容，再完成以下练习，你可以通过自我反省和自我探索完成部分转变。如有需要，尤其是当你深受原生家庭的迫害和影响后，请咨询心理医生。当你努力成为最真实的自己，你会对发生在自己身上的所有事情都感到高兴，不再毫不犹豫地全盘接受来自外界的信念、看法、态度和价值观，努力成为自己想成为的人。本章提出的适度改变只是一个开始，你可以根据本章内容制订一套属于自己的方案。

本章练习

材料：一张纸、书写工具、8 ~ 10 张 3cm×1cm 不同颜色的纸条、胶棒。

过程：

（1）拿出纸条，在每张纸条上写下你的一个优点。

（2）用胶棒将每一张纸条粘在纸的一侧。

（3）回顾你写的东西。

（4）总结自己的优点。

优点参考：

- 我很坚强，能够在逆境中砥砺前行；

- 我不屈不挠，如果有人反对我的意见，我一定不会放弃；

- 我很有条理，能计划安排复杂的项目，比如工作或家庭聚餐；

- 我很爱干净，总是把东西收拾得井井有条，便于寻找；

- 我能临危不乱；

- 我对别人的感受和关心很敏感；

- 我精力充沛，性格外向。

视觉化展现

回想一下你对自恋型父母有什么样的怨恨。闭上眼睛，想象一棵树或一条小溪，让这些怨恨随着在风中舞动的树叶飘散，或者顺着潺潺涓流而去。

第九章

现实自我：打造全新的、
更好的自己

引言

　　让我们审视一下你想成为的人，判断你的目标究竟是现实的、可行的，还是不切实际的、不可企及的。你设定的目标最好是切实的，只有这样，你才能增加对自己的满意度，进而提高自尊心、自信心和自我效能感。审视现在的你和理想中的你，可以帮助你辨别努力的方向，同时也可以帮助你认识到已经取得的进步，让你更接近自己的目标，从而想出一些可能会对自己有帮助的具体策略。

　　在进一步讨论之前，我们先回顾一下前几章的内容。第七章提出了一些强化内心的策略，包括为你的生活建立意义和目标，以反映你的选择、价值观和原则；减少或消除孤立感和疏离感的技巧和策略；觉察到一些可能对你的人际关系产生负面影响的自恋行为和态度；更加关注内心，脚踏实地，以保证你的选择和决定不会过度受到他人（比如自恋型父母）的影响。

　　第八章重点介绍了如何通过提高当下的意识来强化内在，

揭示了自我反省的作用，同时还提到了识别并利用自己的优点和坚固强韧的心理边界的意义和价值。此外，第八章还谈到了个人应如何按照自己的道德、价值观、原则来行事。所以，第八章的重点在于如何让你对生活充满希望。

本章将继续介绍如何发展并强化内心、如何在自恋型父母面前像成年人一样行事，以及如何开启并维系有意义的人际关系。本章涉及的内容有：怎样改变童年经历对你的持续性影响，让你同情和反思自恋型父母及其他人，变得更坚强、更有韧性，从而改善你的人际关系。

童年经历对塑造自我的作用

你的观念会随着时间的推移而发展。原生家庭给予你的关怀和养育、其他的个人经历、与生俱来的个性等，无不影响着你心灵的成长。每个人的内心都不同，即使身处相似环境，也可能存在细微的差异。

很多方面影响着个人的心理成长和发展。但是无论如何，专家都会强调，婴孩接受早期护理和养育的质量是一个关键因素。"早期"指的是孩子从出生到最初的成长期。目前业界有一些关于产前影响的研究，但这些研究还未与个人内在的心理发展相联系，而是更侧重于生理因素对心理发展的影响。

最基本的问题是：什么成就了今天的你？以下有一些信息，可以引导你对自己的心理发展进行自我探索，这些信息也能带来一些思考，让你知道自己为什么会持续受到"自恋"的伤害，从而帮助你转换看问题的角度，以一种更为开阔的视角去看待这些伤害。你的自我认知，以及一些对于早期经历的理解，在这个过程中起到了重要的作用。

让我们首先反思一下，小时候，你的父母和兄弟姐妹是如何看待你的。

请反思： 试着回想一下小时候你的想法和感受：你的父母或兄弟姐妹如何看待你的智力和外表？你做过什么事，深受他们的喜爱？他们是否经常微笑或称赞你？你是如何内化这些经历，并被其持续影响自己的言行举止的呢？这些经历对现在的你是否仍有影响？

你可能会发现，早期由他人向你灌输的那些关于你的外表、智力、能力或其他品质的信息，大大地影响了你对自己的判断和你的行事准则，而事实是，你应该基于现实情况或过去的经验，以及自我思考，再做出回应。

这些经历早已深入骨髓，如果你不回想它们，你可能不会意识到它们的存在。它们在你毫无察觉的时候藏进你的内心，随着你的成长，逐渐盘根错节，时至今日，仍在持续影响着你的自我认知。在你感到内疚、容易受伤或不清楚要不要对他人负责时，特别是在与自恋型父母接触的过程中，过往的经历就会侵袭而来，左右你。下一节将介绍如何通过同情和反思、倾听和回应来更好地管理与父母接触时产生的情绪。

以同情和反思的方式回应父母

本节将教你如何与自恋型父母相处，而这部分内容也有利于你发展其他的人际关系。因此，你需要学会反思性倾听并给予回应。同情自恋型父母对你没有任何帮助，但我们也要承认，父母和子女接触时，双方总免不了有意无意地流露出情感。首先，你需要正确认识同理心，以一种更有益的方式来识别并回应父母的感受。这样才能让父母感到被倾听和被理解，同时，你也不会无意识地附和或相信父母传递出来的信息和感受。

你会混淆同理心和同情心吗？你可以回应或同情自恋型父母，但没必要敞开心扉去捕捉父母的期望或感受，也没必要吸收这些信息，并强迫自己付诸行动。你无须沉浸在别人的情感中，被别人的情绪所影响，或者完全把别人拒之门外。对待自恋型父母或其他人，你可以使用反思性回应，这对你更有帮助。反思性回应无须你感同身受。

反思性回应包括四个步骤：

(1) 确定另一个人的感觉（无论他／她是直接还是间接地表达出来的）。

(2) 用言语表达出这种感觉，但不要重复对方所说的话，不要表达你理解的意思，也不要添加任何内容，例如评价对方"你看起来很恼火"。

（3）在提出你的意见或问题之前，你要确定自己是否理解对方的感受。如果你理解有误，或者对方不喜欢你的措辞，对方就会纠正你。例如，如果你评价对方"你很愤怒"，对方可能会纠正你，这说明他没有生气，而只是有些恼火。此时，你可以停止讲话，等待对方详细说明或解释。接受对方对你的判断的任何纠正。

（4）你可以提问或发表意见。尽量不要与自恋型父母争辩，也不要提出异议。我们的目标是要了解对方的感受。

当你开始做出反思性回应时，你要先学会辨别对方所表达的方式。你要关注对方是如何表达出自己的感受的，而不是停留于他/她言语中的字面意思。例如，辨别一下，在下面的语句中，说话者的感受可能是什么？

- "你太棒了！"
- "我很不舒服。"
- "今天天气很好。"
- "我不喜欢这样。"
- "你为什么要这么做？"

如果你很了解说话者，也许你能推测出他/她的感受。但是你做不到料事如神，因为对方的情绪可能是隐藏的和间接的。此外，对方说的每句话可能都另有他意，因此，要准确识别这些感受并不容易。为了便于讨论，在以下句子中，我们将真实的感受用下划线标记出来：

- "你太棒了！"（我对你的行为很<u>满意</u>。）
- "我很不舒服。"（我对接下来要发生的事感到<u>不安或担忧</u>。）
- "今天天气很好。"（我很<u>高兴</u>自己还活着。）
- "我不喜欢这样。"（我对结果感到<u>害怕</u>。）
- "你为什么要这么做？"（你的所作所为令人非常<u>恼火</u>。）

现在你可以先说出自己的感觉（反思），然后加上你想补充的话。以前两个句子为例：

- "你太棒了！"
  回答："你对我的所作所为很满意，能帮助到你让我感觉很开心。"

- "我很不舒服。"
  回答："你看起来既焦虑又紧张。发生了什么事？"

注意，你首先要让对方知道你了解他的感受，然后才能给出你的意见。这个步骤看起来很简单，但如果反思不是你惯有的反应方式，你就很难学会。

请反思：第一步，注意自己是否经常采用反思性回应，而不是下意识地回应别人。第二步，练习反思性回应策略，这种策略对儿童尤其有效，注意开展对话的方式和方法。

学会辨别感觉并做出反思性回应后，你会发现自己变得更善于产生同理心。当你觉得自己的心理边界足够坚固、足够坚韧时，你就可以敞开心扉，真正感受他人的情绪，而不会因此迷失在对方的情绪中，失去独立思考的能力。也就是说，你可以感同身受。在没做到这一点之前，尤其是与自恋型父母接触时，你要和父母保持一定的距离。在结束这一节之前，让我们再举几个例子，看看如何应对自恋型父母对你的贬损和轻视。不要生气，不要让这些事影响你，你也不需要做出回应，左耳进右耳出即可。

那么，为什么还要费心做出反思性回应呢？因为这种回应方式可以帮助你将注意力集中在父母或其他人身上，保护你不受到他们的侵袭或干扰，在承认其感受和意图的同时，无须表明自己的立场。

自恋型父母："你似乎永远都一事无成。"

反思性回应："你对我的所作所为不满意。"

或："我没做对，让你感到烦恼了。"

自恋型父母："布莱恩比你聪明得多（比你好看、比你有才华等）。"

反思性回应："你真的很喜欢布莱恩。"

自恋型父母："你看起来很傻（做了件傻事、穿得像个傻子）。"

反思性回应："你不喜欢我（做事方式或穿衣方式）。"

自恋型父母："你到底为什么要做这样的蠢事？"

反思性回应："我没有达到你对我的期望，你很生气。"

这些只是部分例子。当你使用这种回应方式时，你可以有更多的思考时间，而且不会激发出自己心底的负面情绪。你要把重点放在另一个人及其感受上，并允许他 / 她为自己解释，以防你会错了意。

通过创造性努力，让自己更强大

创造力会以多种形式出现。你的首要任务是要变得更加包容，意识到自己的创造性潜力和探索精神，这些都有利于你增强并拓展自己的创造力。创造力与艺术天赋无关，不要用这种想法来限制自己。或许大多数人的创造力都是以艺术的形式呈现出来的，但在这里，我们将创造力定义为健全成人自恋的标志，人人都能拥有，此处的创造力并不是一种天赋，而是一种可以后天培养的能力。

创造力是指通过新的视角来开发出新方法以行事并解决问题的能力。我们将帮助你创造一些能带来乐趣的东西（一个新的事物、新的过程或新的想法）。你要学习一些你此前不知道的东西，并建设性地利用这些新知识，简化、纠正、减少或消除障碍和约束，尝试一些不同的东西。你要跳出思维惯性，打破常规的限制和假设，用全新的、不同寻常的方式思考，从不同的角度思考，对以前从未尝试过的事物持开放的态度，首先就是要愿意接受新的想法。

从事创造性的工作可以帮助你：

- 让快乐和满足感填充生活的方方面面；
- 不为烦恼所累；
- 治愈内心创伤；
- 丰富内心，探索未知自我。

当然，培养创造力不能闭门造车。当你创造性地思考时，你可以扩展自己的新视角，多关心自己的家庭，比如：烹制一道新的菜品；美化周围的环境，打扫室内或打理庭院；修理坏掉的或不好用的东西，为自己省点钱；给自己和他人的生活增光添彩；展示自己解决问题的能力，教别人如何处理棘手的事；鼓励并支持别人发挥创造力；对万事万物保持好奇心等。你要以身作则，教别人如何拥抱世界，勇往直前。

拥有创造力，你就不会故步自封，相反，你可以更好地帮助他人，对生活充满热情和向往。这些都是发展创造力所带来的积极作用。

每个人发挥创造力的方式不尽相同，接下来的挑战就是要找到自己独特的方式。在找到适合自己的方式之前，你必须要尝试很多次。保持耐心，不要灰心丧气，你一定能成功。接下来，你可以试试以下方法：

- 回想一下童年时期给你带来快乐的事情，现在去试一试，看看有没有新的发现；
- 上一堂你感兴趣的课；
- 去手工店买一套工艺品，亲手拼装起来；
- 查阅食谱、美食杂志或美食网站，尝试一些新的菜肴；
- 画一画你周围的环境；
- 写任何东西（一首诗、一个故事或一篇散文），写什么都行；
- 想想你即将扔掉的东西还有什么新的用途，看看能不能变废为宝，二次利用。

不要考虑结果，只要放手去做。

灵感

　　灵性或灵感对身体、情感和心理都有好处。"灵性"包括但不限于宗教。事实上，获得灵性不一定要信教。很多人排斥"灵性"这个概念，是因为担心"灵性"等同于宗教，所以我选择将其称为"精神鼓励"。精神鼓励存在于想法与行动之间，你要超越自己，与外界相联系。励志是一种令人振奋、鼓舞人心且可以持续给人带来快乐的境界，会让你的孤立感和疏离感被削减，即使是在夜深人静时，你也能感觉自己的心灵与外界相通。

　　获得灵感或寻找灵感可以帮助你与自己、与他人、与外界建立更牢固的联系，可以让你减少被孤立和孤独的感觉。灵感可以帮助你找到中心意识，让你更加脚踏实地。

　　为什么要培养灵感呢？这对放下怨恨能起到什么作用？灵感是如何预防或减轻自恋伤害的？灵感可以间接地发挥作用，帮助你变得乐观、充满希望、坚韧不拔，更好地接受自己和他人真实的一面。你不再为小事所累，能够分清孰轻孰重，更专注于生活中重要的事情。

　　在本书的前几章，无助和绝望的感觉是自恋伤害所带来的一种情绪，它会唤起你内心的内疚和羞愧，使你的心理伤口久久不愈。有时候，再多外界的支持和认可，再积极的自我游说，甚至是获得成功与成就，依然不足以弥补这些负面影响所带来的伤害。这个世界不乏能人志士，他们受万众瞩目和景仰，但与此同时，他们也一直在做自我破坏的事情，总陷入自我怀疑，觉得自己不够好。这种自恋伤害经年累月地摧残人心。

在愈合伤口、发展并强化内心，以预防、减少或消除伤害这方面，你或许已经取得了重大的进步。只要继续努力，你就会越来越好。增添灵感是另一个能为你带来积极结果的方法。

有很多方法可以鼓励你，帮助你成长和拓展自己。你甚至可以通过一些琐事鼓励自己，比如创作、工作、帮助他人。无论如何，你要鼓励自己，升华自己，获得意义和目标，这些方法可以在逆境中助你一臂之力，让你更关注生活，享受生活。

以下几种方式可以帮助你获得灵感，鼓励自己。你可以选择一种或多种适合自己的方式，也可以尝试几个过去你从未体验过的方法，使用的同时请关注自己的内心。没有一种方法可以带来立竿见影的效果，你要潜心修炼，心急吃不了热豆腐。

- 冥想；
- 多发挥创造力；
- 阅读励志书籍；
- 把脑海中稀奇古怪的想法写下来；
- 有意识地关注自己的内心，踏实做事；
- 培养并加强与外界的联系。

相互尊重，相互接纳

尊重彼此，认可每个人都是独一无二、有价值的个体，是建立一段稳固、相爱的关系的基础。你得到对方的珍视和重视，并且你也以同样的方式待人。接纳，就像尊重一样，关注的是他人的本心，而不是你希望他们成为什么样的人，或者希望他们做出什么样的改变。接受自己并不意味着你不能或不应该改变某些行为。例如，如果对方很讲究整洁，而你更喜欢杂乱随意，那么你也可以试着变得更整洁一些。

为重要关系创设同理心体验

同理心是一种美妙的体验，在这种体验中，人感觉自己完全被理解了，当然，这也是难得的经历。有些人将同理心等同于同情心，总是感到不知所措或沉浸在某人的情绪中，但其实这些状态都不是同理心，而是同情心导致的认知反应，这种反应会让人缺乏心理边界的力量。而同理心是指你能感觉到他人的内心体验，并与自己正在感受到的东西进行调和，与此同时却不会过度移情，时刻认清自己和他人是独立的、截然不同的个体，而且事后，你也不会沉溺于残留的情绪而无法释怀。

同理心对于维系有意义、令人满意的关系非常重要，在人际交往中，移情应该是互相的。你必须同时给予并接受同理心，而不是单向付出或接受。你也没有必要同理心泛滥，只需要经常抱有同理心即可。

不要把认同型移情与感觉型移情、同情型移情混为一谈。理解并不意味着赞同。例如，假设你对朋友说，某件事让你很愤怒、很受伤，对方可以理解你愤怒和伤心的情绪，但他不一定认同你对这件事的看法，他有自己的立场，即使他不赞同你的观点，也不意味着他麻木不仁。无数的争执和分歧都源于一种期望，期望着能获得共鸣。一个人感到生气，是因为他觉得"如果你真的在乎我、理解我的感受，你就应该赞同我的想法"。

平衡乐趣和责任

有趣和好玩的事情可以使任何有意义的关系活跃起来。但是，在一段亲密关系中，双方都需相互平衡好这份责任。假如让一方承担全部或大部分责任，另一方"撒手不管"，就一定会催生出一方的负面情绪。

贪玩是个很孩子气的品质，这个品质固然很可爱，会让一个人感到兴趣盎然，毕竟，谁不想要觅得一方知音，一起纵情享乐呢？

但是，成年人肩负着很多责任，所以我们往往要克制住自己的欲望。你经常希望自己的责任能少一些，或者想短暂地逃离一段时间。然而，不管你怎么抱怨，也依然要继续努力，负重前行。想想自己的亲人、朋友或爱人，他们是否履行了自己的职责，还是只顾自己贪图享乐？如果是后者，那说明你们之间的乐趣和责任还未达到平衡。

良好的信任

有些人最终会陷入不止一段不良关系，因为他们信错了人。不论是否经历过背叛，他们都会急于给予某人信任，并努力克服被背叛的情绪，而不会反思自己对信任的深切需求。

信任是建立有意义的、令人满意的且持久的关系的基石。在一段关系中，信任会让一方产生以下感觉：

- 对方关心你，关心你的身心健康；
- 在互动过程中，对方非常坦诚，开诚布公；
- 对方理解、重视并珍视你以及你们之间的关系；
- 对方希望你也同样重视这段关系，以及彼此之间的承诺；
- 对方不会仅仅为了一己私利而欺骗你，或强迫你做一些你不想做的事情。

你的人际关系是否如上所述？你可能需要花点时间来反思自己的人际关系，回想一下你对另一个人的一些感觉、态度等，这要建立在你十分信任对方的基础上。如果你们的关系破裂了，那就是对信任的背叛。你需要反思一下自己到底想要什么，是什么让你忽视了对方、背叛对方或不再信任对方。或许是因为对方做得太过分，而你太想要维持这段关系，以至于你没有照顾好自己的情绪。你可以借此更好地反思自己的交友动机。

公开表达情感

试图揣测一个人的感受会让你感到非常沮丧，即使你很了解那个人，也无法猜透他的全部心思。牢固的关系通常是指双方都愿意敞开心扉去表达情感，并能意识到自己的表达会对对方产生什么影响，二者缺一不可。因为对方不可能在无法理解你言语的前提下还能与你感同身受，反之亦然。

由于原生家庭和童年经历的影响，有些人确实很难公开地表达自己的感受，即使他鼓起勇气说出来了，也会因为被忽视而感到受伤。还有一些人只能以一种不恰当的方式表达非常强烈的感受，他们无法感受到温和的、不那么激烈的情绪变化，比如烦恼。这些描述中的一个或多个情况可能会与你或你的伴侣相吻合。

放下怨恨

建立全新的、更好的自己，最重要的是要放弃那些消耗你精力、时间和创造力的负面事情，这些事情毫无意义。怨恨就属于这一类，放下怨恨是建立全新自我的重要一环。建立全新的、更好的自己，就像是造一栋房子，怨恨会破坏房子的结构。所以在建造的过程中，为了打造一个全新的、理想的、积极的自己，你必须摧毁一些消极的结构。

在读这本书之前，你可能饱受自恋型父母带来的自恋伤害，所以已经对父母心怀怨恨。理解父母如何以无意识的、微妙的方式伤害你，且持续影响你的自尊和人际关系，并不意味着你已经准备好原谅他们，忘记了过去，这里也不鼓励原谅和忘记。

原谅

我经常被问到，自恋型父母的孩子是否应该或必须原谅他们的父母，我的回答当然是否定的。你可以选择原谅，但这不是必须的。孩子受到了很深的伤害，在成年后仍然无法疗愈，所以他们应该把精力放在追求更积极的事物上，比如建立有意义的人际关系。

显而易见，在得到我的回答后，孩子们如释重负。有人告诉我他们因为无法了解父母而痛苦，我通常也会回答他们，当他们做出足够多的努力，反思良久，认为似乎可以原谅父母时，他们才可能会做到。未经他人苦，莫劝他人善。如果你是一个局外人，没有经历过自恋型父母经年累月的攻击，那么鼓励原谅当然易如反掌。但是，在大多数情况下，即使选择了原谅，那些孩子仍要遭受父母的折磨。成年子女必须要先强化和发展自己，才能经受住这些打击，以积极的方式进一步成长和成熟，才能选择是否原谅父母。别忘了，即使你现在已经是成年人，父母也可能有以下想法：

- 我这么做是对的；

- 我有权做我想做的事；

- 孩子质疑我的行为、需要和要求，这太荒唐了；

- 如果我的孩子功成名就，他们会感激我的；

- 我应该受到钦佩；

- 如果没有我，我的孩子会很差；

- 我比孩子更清楚他需要什么；

- 我的孩子太敏感了，对我给出的建设性（实际上是破坏性的）评价反应过激；

- 我所做的一切都是为了他好，我总是料事如神；

- 孩子的一切都是我给的。

大多数人都是从小就饱受自恋型父母的折磨，能够承受这些痛苦，并超越它们，去感知父母正在经历的凄凉、恐惧和孤立，是一种挑战，也是一个难得的机会。父母可以拥有如此多有价值的东西，却对如何丰富自己的生活一无所知。丰富的生活必须来自内心，而自恋的父母毫无内在可言。

父母和孩子之间往往存在着深厚的情感纽带，这条纽带蒙蔽了成年子女客观合理地看待自恋型父母的双眼，因此父母负面的言行举止会持续地伤害他们，这也让成年子女原谅父母变得难上加难。

你可以选择是否要原谅父母，但不要因为别人的看法而试图强迫自己原谅父母。多关注有助于疗愈的每一小步，以下一些步骤可以判断你是否有一些愈合迹象：

- 你可以回想一下父母的行为，并接受父母不太可能改变的事实，说服自己，其实你也不指望他们做出改变。假如他们没有改变的意愿，你也不能强迫、强制、要求或影响他们的想法和行为。

- 父母对你的负面评价并不会给你造成太大的伤害，这些伤害也不会一直影响着你。哪怕你会因此受伤，伤口也会慢慢愈合。

- 你可能仍然害怕与自恋型父母接触，但不会像以前那样主动活跃气氛。在和父母接触时，你能保留心底的感情，控制好自己的情绪，就不会长时间受到影响。

- 你意识到自己对父母的回应可能会转移到其他人身上，而且你会有意识地控制自己不让这种情况发生。

- 你更能理解他人，这也改善了你的人际关系。

- 你更专注于自己的内心，更脚踏实地，不会以顺从或挑衅的方式回应父母。你也更清楚自己何时会像对待父母那样，对他人做出反应或与他人打交道。

- 在某种程度上，你意识到自己有能力抵御父母的伤害，即使你深知父母不会尊重你，你也可以选择对父母做出更多克制的、保守的反应。

- 你从其他关系中获得满足感，并将时间和精力投入其中，且得到很多回报。

- 你能够在最亲密的关系中对他人伸出援手，与他们感同身受，但不会因此陷入情绪的困境，也不会感到不知所措或想要逃离，你能以一种深刻而有意义的方式与他人建立联系。

当你感觉到自己已经准备好原谅父母时，你就可以跟随本书继续前进。当然，你也有可能一辈子都踯躅不前。我能理解，这没什么。千万不要为不能原谅父母而感到内疚，因为你需要时间疗伤。

这段疗愈之旅即将到达终点，但是全新的人生才刚刚开始，你要继续治愈自己的内心，让自己更加强大，卸下重负，轻装上阵。唯有你自己才能帮助自己。相信自己，你可以！

总结

在与自恋型父母接触时，你需要表现出对他们的尊重，但不必在意父母对你的贬损和诋毁。本章介绍了一种"反思性回应"技巧，让你体会到父母表达出的或隐藏的情感，但不会唤起任何负面情绪，你也无须赞同或接收这些信息。在接收父母所灌输的信息之前使用这个技巧，将对你非常有帮助。

本章还讨论了如何建立更好的自我创造力和灵感，以及教你如何增加并强化创造力和灵感，以丰富你的生活。最后一节讲述了如何培养和维系重要的人际关系。下一章，也是最后一章，将引导你进一步治愈自恋型父母带给你的创伤。

本章练习

写作

列出五种成本较低或免费的、简单的激励方法，下决心每天实践其中一种或多种方法。

绘画 / 拼贴

材料：一张纸、一套蜡笔或彩色铅笔。

想想你受到鼓舞、感到振奋或充满希望时的感觉，画出这种感觉。

视觉化展现

静静地坐着，闭上眼睛，想象一个你梦想中想要成为的形象：你是什么样的表情？什么样的姿势？是否在笑？

第十章

相信自己：对自己负责

引言

  最后一个章节可以划分为两个部分，这两个部分都归纳并总结了抵御自恋型父母带来的诸多负面影响的方法。前几章描述了父母自恋的行为和态度所给你带来的一些潜在影响，分析这些"余毒未消"的影响是如何在发挥作用，同时给出了一些建设性的策略和技巧，从而帮助你尝试去消除这些负面影响。

  最后一章的第一部分给出了一些信息，并提出了一些指导性思考，帮助你意识到这种影响的存在，并对它们有更深层次的理解。这种意识和理解可以帮助你挣脱束缚，更好地做自己。同时本章还会给予你切实可行的意见和建议，从而帮助你实现"自我蜕变"。此外，通过这种理解和认知，你还可以更好地探究过往的经历是如何影响你当下的境遇和人际关系的，这样可以让你在面对新情况、新事物时，不再囿于过去，能更客观地感知情绪、进行思考并做出回应。

  本章的第二部分则侧重于：告诉你必须要放弃一些幻想，

停止一些无谓的行为和改变固有的态度；做到上述三点的方法；对治疗策略和技术的进一步讨论与拓展，从而增强你的幸福感。最后，本章末会加入一个为期 30 天的积极改变计划。

童年经历对你的影响

你可以通过审视自己当前的一些行为、态度和自我认知，探究童年经历是如何影响你的自身发展的。尤其是当这些经历给你和你的人际关系带来麻烦，导致你做出潜在的自我毁灭式的行为时，这种方法更见成效。

我们可以从三个类别来进行检视：第一，无助和缺乏安全感；第二，控制欲强且固执；第三，自我牺牲和心怀怨恨。以上三类可能无法完全囊括当下所有与你早期经历相关的行为、态度和想法，但大多数都已经涵盖在内。以下是每个类别的一些示例。

"无助和缺乏安全感" 包括错误地认为自己无法独立生存且需要有人照顾。自我反思以下示例，看看你是否有以下行为或态度，及想不想做出改变：

- 经常要求或期望他人照顾你、为你提供帮助、关心你的身心健康和幸福；
- 曾因为过分关注或要求过高而造成双方关系破裂；
- 当你没有得到你想要的关注时，你很容易感到自己被孤立和被疏远。

这类行为、态度和想法的出现源于你早期的经历，而这些经历则反映了你的无助和对他人的依赖。童年时期出现依赖感和无助感无可厚非，但对成年人来说，这些感觉毫无益处。

"**控制欲强且固执**" 是指一个人以权力需求作为行为、态度和思想的基础。比如，你努力向周围人表明你很有能力，并且要求其他人必须承认这一点。阅读以下示例，看看你是否存在下列行为和态度，这些表现会对你的幸福和人际关系产生影响，如果做出改变，你的人生会大有裨益：

- 胜利就是一切，我必须不惜一切代价赢得胜利；
- 没有人把我的幸福放在心上，所以我必须确保别人给我我想要或我需要的东西；
- 我自诩高人一等，喜欢戏弄或嘲讽别人。

这种心态是从你早期的经历中衍生出来的，也许过去总有人说你无能、不够好，所以你想把自己武装起来，自我防卫，久而久之就产生了这种心态。

最后一类 "**自我牺牲和心怀怨恨**" 的行为、态度和想法指的是通过讨好的方式来获得他人的欣赏和感激。也就是说，你通过照顾他人来寻求生命的意义，只有这样你才会感到被他人关心。以下是一些示例，供你自我反思：

- 你需要不断地得到他人的赞赏和认可；

- 你总是不断提醒他人你为他们做了什么，以及你为他人做出了怎样的牺牲；
- 你怨声载道，你的牺牲与付出总被当成是一种理所当然的举动，或者直接被别人忽视。

这些和其他类似的行为、态度和想法也与你早期的经历有关。这些往事总是有意无意地向你传递着某种信息，告诉你，你有责任照顾他人，而你的努力从未被认可，也从未得到赞赏，相反，一点点小小的失误就会让你遭到非议和批评。

接下来的四点将进一步挖掘与探索这个问题，即你的早期经历是如何塑造了现在的你，答案或许可以总结为如下几条：

- 你的父母希望他们的行为和态度能够潜移默化地影响你，并且这些行为和态度会一直有意无意地影响你；
- 你的父母总喜欢拿你和别人比较，比外貌、比能力、比智商；
- 你觉得自己需要保持好自己的人设，所以不能轻易坦露心迹；
- 你觉得自己有责任照顾他人的情绪，并确保他们永远不会感到苦恼。

这些经历早已刻在你的骨子里，如果你不刻意回想它们，你可能不会意识到它们的存在。它们在你毫无察觉的时候藏进你的内心，随着你的成长，逐渐盘根错节，时至今日，仍在持续影响着你的自我认知。在你感到内疚、容易受伤或不清楚要不要对他人负责时，过往的经历就会浮现，左右着你。

无意识地融入父母的期望

婴儿和儿童时期形成的自我是非常脆弱的，这意味着你对父母或主要监护人以及周围其他人的愉悦和不悦情绪会非常警觉和敏感。孩提时的你，会遵循内心，去处理和归类你所遇到的一切问题，而在那个阶段，你身上的自恋情结是恰到好处的。你感知到了语音语调、面部表情、肢体语言以及其他非语言信息，即使那时候的你对任何单词、任何词义都毫无概念，但这些非语言信息还是能告诉你对方对你是什么感觉。这就可以解释为什么当下的你在接收到一些非语言信息时，会做出与之相应的解读。有些非语言信息强化了你的预期行为，比方说微笑和柔和亲密的语气。作为婴儿或儿童，你将这些积极的反应视为对自己价值的肯定，也是对你的自我认知的一种验证，也就是说，现实中的你和你脑海中的你一样杰出。

请反思：回忆一下当你遇到不熟悉的情况时你的反应。你是否会观察其他人正在做的事情并从他们那里获得提示，吸取经验和教训？你是否会对别人对你的反应非常敏感，并且会从他们积极和消极的非语言信息中获取线索？当你犯错时，或者当某人的非语言信息对你的观点表示不赞成时，你会觉得受伤吗？这些情况都可能与你早年的经历有关。

令人不悦的比较

父母总爱拿你和别人做比较，而这种比较往往令你不快，这些比较是另一个让你现在如此纠结的原因。因为这些比较总会把你描绘成低人一等的、不优秀的、丢人的甚至不值得被爱的形象，这种比较在日常生活中尤其普遍。在以下反思中我们可以看到一个例子，告诉我们这种挥之不去的影响有多大。

请反思：扪心自问，如果有人做了什么事情或说了什么话，暗示你的外表不够吸引人时，你会感到恼火、受伤或者生气吗？你的第一反应会是愤怒、尴尬，甚至是受伤吗？如果有这样的感受，即使你能够一笑了之或者置之不理，也还是改变不了这些话语伤人的事实。

那些令人不悦的评论往往和父母对你的评论如出一辙，是一种典型的父母对子女外貌的早期评价方式。

当有人通过间接或直接评论的方式来贬低你的智力或能力时，从你的反应中可以看到父母对你产生的持续影响。这些影响会让你失去自信，变得莫名自卑、羞愧，甚至感觉自己一文不值。当一个人自认为受到了奚落，或自视愚蠢无能，或觉得有人试图操纵自己，感到自己被他人利用时，就会愤怒不已甚至大发雷霆，而此时那些不自信、自卑、羞愧、自我贬低的情绪往往就会隐藏在愤怒之下。而由外界刺激所产生的反应，比如愤怒，会驱使你猛烈地回击冒犯者，或将情绪迁移到别人身上，还有可能会让你接受别人对你的评价，并责备自己不够好。

226

保持自己的人设

如果一个人在婴儿和儿童时期没能从母亲或者监护人那里获得对真实自我的认可和接纳，那么错误的自我认知就会因此产生。如果这种情况没有得到任何改变，那么错误的自我认知就会在很长一段时间内占据主导地位，甚至会伴随一个人的一生。这钟错误的自我认知会不断加强，逐渐变成被公认的人设。如此一来，你就更难找寻到正确的自我认知，甚至可能会将两种自我认知混为一谈，有意识地接受错误的自我认知，而正确的自我认知却被埋藏在内心深处，甚至可能会消失殆尽。

坚持正确的自我认知可以保护真实的自我免受伤害。总而言之，我们需要尽可能地对自己有正确的认知与评价。树立自我人设是为了保护自己，人设鲜明突出，深入人心，让人们视之为真实的自我。而以下列举的种种迹象表明了你在错误的自我认知下树立了自我人设：

- 认为受伤的经历不重要，对此置之不理，比如对别人说的话或做的事一笑置之；
- 避免别人知道你感觉心里受伤，比如努力隐藏一些非语言信息，不表现出你的痛苦；
- 压抑因伤人的言论或行为引起的情绪，甚至无视自身受到的伤害；
- 假装高高在上。

保护自我人设，并不代表自己的人设是错误的或是不合适的，因为有些时候，隐藏内心真实的感受对你来说会更安全。承认自己树立了人设能够帮助你审视自我，看看你到底是否了解真实的自己。在你对自己真实的那一面不了解的情况下，你会不会让它显露出来呢？如果你真的不清楚自己到底是怎么样的一个人，或很少遵循本心、活出自我，那么你很可能是受到了父母的影响，不断强化了错误的自我认知。所以，你需要追寻真我，弄清楚你到底是谁，并不断塑造、强化真实的自己。

　　请反思：尝试回忆你何时会有安全感，多到可以流露出自己真实的想法和感受。你是否发现自己很少允许这种情况发生？你知道自己的真实感受和想法是什么吗？或者你总是试图隐藏，甚至欺瞒自己。

对他人的情感健康负责

　　如果你以照顾他人为己任，并且习惯照顾别人，那么你会很容易失去自信，也很容易羞愧，产生罪恶感。早期的父母教育告诉你，你必须要照顾他人的想法和情绪，所以你可能会花费相当多的时间和精力去照顾那些你甚至不认识或不喜欢的人。当别人表示不舒服、沮丧、哭泣、生气或产生其他情绪时，你可能会感到愧疚，觉得自己一无是处。不仅如此，你还会萌生这样的想法：我本应该阻止这一切的发生，一定是我做得不够好，或者哪里做错了……

　　你是否需要对父母的身心健康负责？我们称此现象为亲职

化，在这种关系中，自恋的父母不照看自己的孩子，反而期待孩子能对父母的健康负责，特别是对父母的情感健康负责。

请反思：你会被别人的负面情绪传染吗？你会认为自己必须做点什么来减轻他们的痛苦，还是觉得这一开始就是你的错？即便你的父母有照顾自己的能力，你是否仍然认为自己应当对他们的健康负责？

放弃幻想与自恋的行为和态度

这里归纳了两类可以放弃的东西：你的幻想和自恋的行为和态度。放弃后你会感到非常自由，你的生活里也会出现更丰富、更长久的事情。

幻想

幻想让你渴望一些不现实的东西，它会消耗你的精力，浪费你的时间和资源，而这些时间和资源本可以更好地用于自我愈合、成长和发展。

请反思：你是否会思考或幻想自恋的父母会发生改变，幻想他们能够欣赏你、重视你，在你需要的时候与你共情，为他们过去的行为道歉，说些鼓励你的话，做一些事情来表达对你的爱，或者弥补过去的错误，又或是做些其他事情让你感受到爱和温暖？

如果你对其中任何一个例子产生了共鸣，那就说明了你对父母仍心存幻想。自恋的父母不太可能改变，因为他们看不到改变的理由。他们认为自己的看法、行为和态度是"正确的"，如果你与他们的意见相左或挑战他们的权威，你就是"错误的"。从小到大，这样的生活从未发生变化，但你一直希望和期待父母做出不曾做出的改变。你无力促成这样的改变发生，虽然你觉得你花在幻想上的时间不多，但是这些时间本可以用来思考更有建设性的点子和计划。

如何才能放弃这种幻想呢？你可能永远无法完全放弃你的希望和期待，但是当你想到父母从不曾改变，或是他们做了一些伤害你的事情或说了一些伤害你的话，却没有注意到给你带来的负面影响时，又或是他们的自恋行为伤害到你，态度举止激怒了你时，你便可以立刻停止幻想。你可以用下列任何一个简单的短语来打断思绪，中止伤害或克制怒火：

- 我仍对不可能发生的事情抱有期待；
- 江山易改，本性难移；
- 我还在做无用功；
- 我还抱有不切实际的幻想，因为我还在期待父母可以做出改变。

另一种策略是转移注意力，停止幻想。换句话说，想象或做一些令人愉快的事情：

- 转移视线，比如看些关于猫狗的视频或体育赛事；

- 转而听音乐、聆听外界的声音，或听逗乐的笑话；

- 寻找诱人的气味，比如鲜花、面包或香皂；

- 寻找舒适触觉，比如用手触摸光滑的石头、抚摸丝绸、感受水珠滴落在肌肤上；

- 创作，比如做拼贴画；

- 阅读杂志或书籍；

- 写一部自己的小说。

你可能有自己独特的方式转移注意力，对停止幻想大有用处。

改变自恋的行为和态度

你自身的行为和态度或许看上去并不"自恋"，但这并不代表你没有自恋的行为和态度。假设你发现自己的确表现出"自恋"的倾向，但是你想要做出改变，或者通过更有建设性的方式进一步成长的时候，你要明确一点：改变和成长都是循序渐进的，不是一朝一夕就能成功的。改变有时很困难，也可能不为他人接受，为此你要做好准备。以下是一些对改变各种自恋行为和态度提出的建议：

- 如果你能克制自己少管闲事，也不认为所有事都必须经由你手才能处理得井井有条，你的狂妄自大就会有所收敛，管理水平也能有所提升。你可以实际一点儿，试着对自己和他人抱有更切合实际的期望。

- 狂妄自大会衍生出傲慢，傲慢的人会自觉高人一等。也许你可能拥有一些别人没有的天赋和才能，但你不能有意无意地表露出高人一等的优越感，而是要更多地意识到自我局限性，培养谦虚的品质。

- 狂妄自大还会衍生出轻蔑的态度，让你鄙视所有不合你标准的人。尽量不要忽视那些天赋或理解力在你之下的人，也不可忽视资源比你少的人。要培养对他人的欣赏能力，能够欣赏他人的独特性，理解个体差异性，尊重个人价值。

- 缺乏自我意识的人会过于敏感，能够察觉到细微的批评或责备，从而否定自我，并指望获得别人的照顾。缺乏自我意识是狂妄自大的另一面，这种心理会让你感觉好像所有事都在针对你。但是，你要明白，并不是所有事都会针对你个人，也没人会一直揪着你不放，总是对你求全责备，同样，你也不会因为每件事而受到指责。

- 当事情并不如你所愿，或者别人没有按照你的期望去做时，你就会牢骚满腹，絮絮叨叨，抱怨个不停。你可能认为自己只是在表达想法和感受，但其他人可能不这么想。如果你能变得更加独立，能够自给自足，不再依赖别人，能积极去做你想做的事，让事情的发展按预期进行，你就能减少潜在的痛苦，为自己而活。

寻求他人关注的行为会让你始终处于聚光灯之下，让你自视甚高。你可以尝试克制自己，让别人成为焦点，回过头来品味一下自己此时的感受，再看看别人又是怎么对待你的。你可能会发现，即使远离"舞台中央"，你也可以获得满足感。

- 渴望得到认可和欣赏指的是你非常渴望、极度迫切地想要得到他人的赞美。你可以试着做出一些改变，不带有任何目的性、不抱有任何期待地去做你认为需要做的事情，你做这件事只是因为你内心真的想做。

- 也尽量不要告诉别人你为他们做了多少事情、付出了多大的努力，因为这么说只会让人觉得你是在博取他人的赞赏，是为了邀功。还有些人喜欢在别人面前展示他们的伤疤，炫耀自己承受了多大的痛苦、经历了多少的煎熬，以此寻求旁人的钦佩。如果你有这样的行为，就需要及时自省，停止或减少这种行为。

- 对凡事都觉得是理所当然的态度会让你对他人的意见或需求漠不关心。有这种态度的人往往咄咄逼人，喜欢诋毁他人，并期望随时享受特权。你自己可能感受不到这一点，但当你没有得到你认为应得的尊重时，你就会勃然大怒，甚至会感到受伤，只不过碍于体面只能隐忍不发。你要尝试管理你对别人的期望值，当你没有得到你所期望得到的东西时，不要发脾气或生闷气。

- 剥削他人。诚然，剥削也许是在无意识的情况下发生的，你自己可能都没有意识到你是如何通过操纵、诱惑或恐吓他人的手段来获得你想要的东西，或让别人做你想让他们做的事情的。反思你的行为，学会尊重他人，理解每个人都是不同的个体，他们有权拒绝你的要求或请求，并不是要完完全全听你指挥。你要及时反思自己的行为，控制自己任何试图操纵、控制、引诱或胁迫他人的倾向，尤其是对那些与你最亲近的人，并尽你所能减少和消除这些倾向。

- 嫉妒会侵蚀你的自信和自我效能。嫉妒别人拥有的东西或能做的事情并不会让你有效地利用时间。相反，利用你当下所拥有的条件，去努力拼搏，去争取你想要的东西才更有意义。心生嫉妒的时候，你不仅要思考夺人所爱能给你带来什么好处，还要细想一下你愿意为此付出什么样的代价。你终会发现，只有当你强化内在的本质，充分利用你拥有的资产和资源（包括你可能忽略的一些资产和资源）去赢得你想拥有的东西时，你才会更快乐，也更有效率。

- 内心空虚是个很棘手的问题。不管是参加简单还是复杂的活动，或者建立一些人际关系（这些人际关系往往不尽如人意）等，都无法填补心里的空虚。如果有这样的情况，最好还是咨询专业的心理健康专家去解决这个顽疾，只有积极治疗，才能帮助你找到生活的意义和目标。

- 缺乏同理心会对你的人际关系产生负面影响。同理心本质上来自你的内心，你拥有强大的心灵力量，可以让你进入另一个人的世界，并且能够与那个人感同身受，而你却不会被那个人的强烈感受影响。
- 有时候，即使你无法与他人感同身受，也要尝试用同理心去回应他人。例如，你知道某人很伤心，但你并没有感觉到悲伤，但是你的同理心反应会承认对方很伤心。同样，对于旁人的其他情绪，你也可以去尝试做出回应，理解他人想要传递或者表达的情绪。

这些建议和方法，都可以减少、消除或改变你自身的自恋行为和态度。你也许没有意识到自己有这类问题，但是"有则改之，无则加勉"，尝试一下终究是有好处的。

成长和进步

放弃徒劳无功和自我否定的行为和态度只是实现成长和进步的第一步。你还必须采取一些具有建设性的、对自我发展有利的行为和态度。本书的其他小节将在这个方面为你提供一些有用的建议和方法，你可以浏览这些小节，并尝试其中的一些方法。本节的最后一部分侧重于通过建立一种胜者的态度和增加幸福时刻的方法，来帮助你实现茁壮成长和自我疗愈。此外，还附上了一个为期30天的计划，让你的生活更加多姿多彩。

胜者的态度

自恋的父母可能会使你妄自菲薄，认为自己一无是处，还会使你产生许多其他自欺欺人的想法和态度。即使时过境迁，你已长大成人，但还会因为以下任何一项情况而自责：

- 犯错，尤其是当别人知道你的错误时；
- 在竞争关系中处于下风；
- 对于一些事情求而不得；
- 自己的想法、创作被人否定；
- 没能进入你心仪的大学、俱乐部或者其他组织中；
- 败诉；
- 无法得偿所愿。

你可能觉得自己有致命的缺陷，并且认为别人对此也心知肚明，从而否定或诋毁你，而你却永远也无法克服这些致命的弱点。其实，人无完人，每个人都会有自己的不足，但这些不足也是可以在后天弥补的，我们可以积极地拓展自己的闪光点，把握当下资源。与其放大自己的失败和缺陷，不如立足当下，抱着一种更切实际的胜者态度，迈向成功的未来。

现实的胜者态度并不意味着忽视错误，相反，这种态度会让你从犯的错误中学到新东西，以更好地评估你的目标和需求，并驱使你采取适当的行动来提高你成功的可能性。

胜者态度包含以下几点：

（1）**把重点放在自己当下的任务和自我表现上，而不是关注对手或眼前的障碍**。例如，在与自恋型父母接触时，你需要将精力集中于管理自己的感受，而不是过分在意父母在做什么或说什么。

（2）**让成功可视化**。前几章中的一些练习建议你使用可能对你有帮助的可视化策略。你可能还会发现，在与自恋型父母相处时，或在与自恋型父母互动中，将你认为的成功形象化是有帮助的。

（3）**胜者总是在寻求改进**。请反思你自身可以改进的地方，比如，你可以对你的伴侣多一些理解和同情，少一点儿自恋情结，或者更加努力地做一些无私奉献的事情。

（4）**怀有积极的想法，不断鼓励和肯定自己、善待自己**。与其自责，不如花点时间告诉自己"我会做得更好"，给自己正面的心理暗示，使消极的想法慢慢消失。你不必忘记自身的错误或缺陷，但也无须纠结于此，徒增痛苦。

（5）**输的时候不要灰心丧气**。胜者不喜欢输，也不喜欢失望，但是真正的胜者即使输了也不会一蹶不振。你要尝试坦然地面对自己的失败，小到争抢一个停车位，大到与他人激烈的言语交锋。输赢不是全部，不要因为输了就觉得自己一无是处。

（6）**胜者永远会对自己充满信心。**这一点很重要，胜者清楚地知道自己的长处和不足，坚信自己能够不断地发展自我，并愿意在自己想做的事情上付出努力，砥砺前行。

（7）**不服输的强烈愿望可以激发一个人的好胜心。**我们鼓励你采取积极的方法来发展自己，步步为营，努力争取胜利，也希望你能够客观地评估前进路上可能遇到的障碍和限制。但在此之前，你必须明确，你是为了自己而战，为胜利而放手一搏。你还必须清楚自己所能承受的底线在哪里，为了胜利能够承担多大的风险。生活的挑战来自方方面面，所以面对不同的挑战，你也需要有一个清晰的思维，认真思考生活中的输赢对你究竟有什么样的影响。

　　每个人都想成为胜者，都想功成名就，都不想屡战屡败。但是所谓的"胜利""成功"和"领先"是由个体定义的，这些定义会因每个人的个性、成长经历和生活环境的差异而不尽相同。你对成功的定义也会随着时间和经历而变化，所以孩童时期或青少年时期对于成功的定义和成年后对于成功的定义往往不尽相同。

　　想要胜利、拥有胜者的态度，这是非常积极的、正面的想法，可以为改善你的情绪做出重大的贡献。但是，你必须留意自己的行为和态度，以免你在无意识的情况下，通过利用或操纵他人的方式来获得自己想要的东西，或不择手段地来追求胜利。成功的态度其实就是相信自己、对自己的效能有信心，同时对自己的局限性有客观的认识。

给予自己更多的幸福时光

很少有人能一直快乐，但我们所有人都可以体验快乐和幸福的时刻。我建议你可以开始记录一些幸福快乐的时刻，这样当你情绪低落时，你就可以回忆那些欢乐，你需要努力在你的生活中增添这种欢乐的时光。

欢乐的时刻可以振奋人的精神，给人带来希望，利于你的身心健康。虽然快乐的时光通常总是短暂的，但我们还是希望能尽可能地延续这些快乐。如果你能在悲伤的时候回忆起一些快乐的时刻，就能更好地抵御消极情绪，让低落和沮丧离你而去。

是什么构成了一个幸福欢乐的时刻？看看以下选项是否能够作为你心中的欢乐时刻：

- 你的成就意外地获得了他人的认可；
- 出席并见证家庭成员们的人生重要时刻，比如分娩、获得学术成就或者升职加薪；
- 你的"锦囊妙计"让问题迎刃而解，并且取得了很好的成效；
- 求职成功或者实现晋升；

- 被邀请进入你很想进入的俱乐部或者组织，成为他们中的一员；
- 看到你的创意作品被展出；
- 完成一个漫长、复杂的大项目；
- 收到对你很重要的人的礼物；
- 意识到自己正在不断进步，不断成长，慢慢变得更好；
- 内心平静。

除了你自己，没有人可以定义你的快乐时刻。上述例子只是帮助你开始思考什么能带给你幸福感，这种幸福感虽然转瞬即逝，但也弥足珍贵。

请反思：当你快乐时你会做什么，微笑、转圈、跳舞、唱歌、吹口哨还是其他什么行为？你上一次感到开心是什么时候？

30 天的计划

我们为你准备了一个为期 30 天的计划，计划中会提供一些建议，旨在帮助你获得更多的幸福感。这些活动是在假设你没有很多时间花在其中任何一项活动上的情况下制定的，如果所有材料齐备，其中大多数的活动可以在 10 分钟或更短的时间内完成。

周次	目标	活动
1	每天都发现生活中的美丽	在一周内每天找出三件你喜欢的颜色的东西； 想象一个快乐的地方，并把它画出来； 在三天的时间里每天做一顿色香味俱全的饭。
2	变得有条理	每周丢弃三样没用的东西； 按时清理、归纳，保持一周； 每天整理抽屉、桌面等地方。
3	发明创造	在一张纸上画圈，并在一些圈上涂上颜色； 在一张纸上写下你的名字，字号越大越好，然后用彩色铅笔描出字母的形状，并在你的名字旁画上小叶子或小花； 每天制作拼贴画。
4	动起来	每天花几分钟时间原地踏步走； 在有伴奏或无伴奏的情况下跳舞，时间为 3 ~ 5 分钟； 每天散步 10 分钟。

其他可能对你有帮助的活动

- 思考你身在何处，又该去向何方；

- 为你的亲密朋友或者家人点赞，不要吝啬你的好话，多多称赞他们的优点；

- 怀有一颗感恩的心，感恩你当下所拥有的一切，你的健康、良好的人际关系、你的潜力；

- 远离一切有损健康的情绪，如仇恨、嫉妒等；

- 如果你在做一件事情的时候发现了一些阻碍和困难，请反思自己为此找的所有带有因果关系的理由和借口，例如"我不能这么做，因为……"或"我必须这么做，因

为……"，思考这些理由和原因是否属实，是否真的
存在；

- 下定决心不做出任何负面消极的行为，例如嘲讽、诋
毁、欺凌、勾引、操纵或胁迫他人；

- 下定决心做出积极的行为，例如微笑、打招呼、讲文
明、懂礼貌；

- 平衡幸福与责任、自我需求与他人需要、幻想与现实。

现在你已经掌握了很多信息，知道了如何治愈自己，收获
了关于成长的建议，明白了如何更好地了解自己，塑造自己的内
心，成为自己想成为的人。最后，愿你万事顺意，未来可期！